1950
미중전쟁

KBS 특별기획 다큐멘터리

1950 미중전쟁

한국전쟁, 양강 구도의 전초전

KBS 다큐 인사이트 〈1950 미중전쟁〉 제작팀 지음

박태균 감수·해제

책과함께

일러두기
이 책은 2020년 7월에 방송된 KBS 다큐 인사이트 〈1950 미중전쟁〉을 단행본으로 만든 것이다. 한국전쟁 70주년을 맞아 기획된 이 다큐멘터리는 1부 '오판'(7월 9일 방송), 2부 '충돌'(7월 16일 방송), 3부 '대치'(7월 23일 방송) 등 총 3부작으로 제작, 방송되었다.

머리말

2018년 4월, 초록이 한창일 때였습니다. 초소의 한 모퉁이를 돌자, 한국에서는 좀처럼 볼 수 없는 연초록의 야트막한 언덕들이 눈 닿는 끝까지 광활하게 펼쳐져 있었습니다. 그 언덕 하나하나에는 저마다 색다른 이름이 붙어 있었습니다. 미국식 돼지고기 요리를 닮았다고 붙여진 포크찹, 하늘에서 본 모습이 티본스테이크와 비슷하다고 붙여진 티본, 그리고 유래를 알 수 없는 이리, 노리, 베티 등등. 2018년 비무장지대 유해 발굴 프로그램 취재차 갔던 경기도 서부전선의 전망대에서 본, 비무장지대DMZ에 위치한 고지들 이름입니다.

2018년 7월, 북한이 유해 55구와 인식표 하나를 미국에 전달합니다. 미국 국방부 전쟁포로 및 실종자 확인국DPAA의 유전자 검사와 신원 확인 끝에 그 인식표의 주인은 찰스 허버트 맥다니엘 상사로 밝혀졌습니다. 맥다니엘 상사는 1950년 11월 중국군과 맞서 싸운 운산전투에서 전사했습니다. 한국전쟁 전사자 유해 발굴 프로그램 KBS 스페셜 〈집으로 가는 먼 길〉 취재차 만난 맥다니엘 상사의 아들은 이제야 안도할 수 있겠다고 말했습니다.

2019년 4월 1일, 인천의 한 군부대에서는 유해 입관식이 진행되고 있었습니다. 유품 중에는 육안으로는 잘 식별되지 않지만 카메라로는 선명하게 보이는 글씨가 있었습니다. "중소우호협회회원증장中蘇友好協 會會員証章", 한국전쟁에서 전사한 중국군의 유해였습니다. 그렇게 중국군 유해 10구가 2019년에 송환되었지만, 아직도 수많은 중국군 유해가 고향에 돌아가지 못한 채 한반도에 묻혀 있습니다.

2018년부터 2019년 초까지, 유해 발굴 및 DMZ 관련 프로그램을 제작했습니다. 한반도에 묻힌 채 아직도 고향으로 돌아가지 못한 수많은 미군과 중국군의 유해와 전투 흔적들을 접하면서, 이들은 왜 머나먼 한반도에 와서 피를 흘렸는지, 미군과 중국군의 이야기를 듣고 싶었습니다. 이러한 의문에서 〈1950 미중전쟁〉을 기획하게 되었습니다.

1990년 한국전쟁 발발 40년을 맞아 KBS에서는 〈다큐멘터리 한국전쟁〉 10부작을 제작합니다. 〈다큐멘터리 한국전쟁〉은 전 세계 아카이브에서 수집한 영상자료를 기초로 그동안의 연구 성과를 총망라한, 방송사에 길이 남을 기념비적 작품입니다. 이 다큐멘터리는 미국 잡지《엔터테인먼트 위클리》에서 다큐멘터리 분야 세계 100대 프로그램에 선정되기도 했습니다. 2000년과 2010년에는, 사회주의권의 재편 이후 공개된 러시아 문서자료 등 새로운 연구를 반영한, 증보개정판 형식의 한국전쟁 특집 다큐멘터리가 제작되었습니다.

이 2000년과 2010년 한국전쟁 다큐멘터리 제작에 참여하면서 한반도를 둘러싼 압도적인 국제적 힘을 느꼈습니다. 우리가 흔히 아는 한국전쟁의 전개 과정 즉 북한의 남침, 인천상륙작전과 북진, 중국군 개입과 전선의 고착, 그리고 지루한 정전협상과 고지전이라는 흐름 속에서는, 국제적인 힘의 실상과 한반도에서 이 힘이 구체적으로 어떻게 실행되는지가 잘 보이지 않았습니다. 그런데 2018년과 2019년에 미군·중국군과 관련된 취재를 하면서, 한국전쟁을 미국과 중국의 전쟁이라는 좀 더 큰 시각에서 보면 그동안 우리가 보지 못했던 것이 새롭게 보이지 않을까 하고 생각했습니다.

2000년 한국전쟁 다큐멘터리를 제작할 때 자문을 해주었던 박태균 교수와 이런 문제의식을 공유했고, 이후 다큐멘터리의 내용이 '오판', '충돌', '대치'로 구체화되었습니다.

다큐멘터리 제작진에게는 '새로운 내용'과 함께 중요한 것이 '형식'입니다. 어떻게 보여줄 것인가 하는 문제죠. 전장의 생생함을 보여주고 싶어서 특수영상효과를 사용하기로 했습니다. 3D 스캔을 이용한 캐릭터 제작과 디지털 휴먼(맥아더, 마오쩌둥, 스탈린 등), 실시간 3D 제작 플랫폼인 언리얼 엔진Unreal Engine 등을 활용해 재연 촬영 없이 장진호 전투, 군우리 전투 장면 등을 재현해냈습니다.

또한 당시를 기록한 영상자료를 발굴하는 데에도 많은 노력을 기울였습니다. KBS에는 1990년 〈다큐멘터리 한국전쟁〉 제작 이래 이미 상당한 양의 한국전쟁 관련 영상자료가 소장되어 있었습니다. 그러나 그로부터 상당히 시일이 흘렀고, 전 세계 아카이브의 디지털화가 급속도로 이루어졌기 때문에 새로운 영상을 찾을 수도 있겠다 싶어, 미국 국립문서기록관리청NARA을 중심으로 새로운 영상 찾기 작업을 시도했고, 파일 수만 약 9천여 개, 개당 10분씩으로만 계산해도 9만 분, 약 1500시간 분량을 새롭게 구할 수 있었습니다.

다큐멘터리 〈1950 미중전쟁〉을 책으로 엮을 때도 가장 고심한 것이 형식입니다. '읽는 책'보다는 '책으로 보는 다큐멘터리'를 만들고 싶었습니다. 그래서 페이지를 넘길 때 화면 전환이 되는 듯하도록 지면을 구성했습니다. 당시의 분위기를 느낄 수 있도록 다양한 시각적 요소로 내용을 꾸몄고요. 다큐멘터리 〈1950 미중전쟁〉에 대해 감사하게도 '영화 같다'는 감상평을 많이 해주셨는데요. 책에서도 이 다큐멘터리의 긴박감과 현장감을 독자 분들께서 느끼실 수 있다면 더 바랄 게 없겠습니다.

큰 나라들의 틈새에 놓인 우리에게는, 무게중심을 낮추고 현명한 판단과 선택을 하는 자세, 적절한 전략과 전술이 절실합니다. 우리는 전쟁이라는 극단적인 충돌을 막으면서 한반도에 평화를 실현해야 할 과제를 안고 있다고 생각합니다. 이 과제의 해법을 모색하는 데 다큐멘터리 〈1950 미중전쟁〉이 조그마한 역할이라도 했길 바랍니다. 그리고 이제 이 책이 그 역할을 해내길 바랍니다.

이 다큐멘터리가 나오기까지 많은 분의 노력과 수고가 함께했습니다. 먼저 강대영, 남성우, 서재석, 우종택, 유희원 PD께 감사의 말씀을 드립니다. 축적된 자료 사용을 허락해준 '한국전쟁 유업재단'의 한종우 이사장께 감사드립니다. 반년 넘게 VFX 작업을 진행한 박준균 감독과 그 팀께 감사드립니다. 기획 단계부터 마지막까지 작업을 같이한 김정아 영상 아키비스트, 이상아 해외 리서처, 김희은 취재작가께도 감사드립니다. 그리고 다큐멘터리와 이 책의 자문을 맡아준 박태균 교수와, 인터뷰에 응해준 여러 분들께 감사드립니다. 마지막으로 다큐멘터리를 책으로 잘 만들어준 도서출판 책과함께에도 감사의 말씀을 전합니다.

KBS 다큐 인사이트 〈1950 미중전쟁〉 제작팀

2차 세계대전 이후 미국 중심의 자유 진영과 소련 중심의 공산 진영이 첨예하게 대립하던 냉전 초기. 북한은 어떻게 미국의 영향권에 있던 남한을 침공할 마음을 먹을 수 있었을까? 신생국 중화인민공화국이 내상이 채 아물기도 전에 한국전쟁 참전을 결정한 까닭은? 거기에는 여러 지도자들의 오산과 오판이 점철되어 있었다.

세계 3대 동계전투로 꼽히는 장진호 전투를 비롯, 처절했던 1950년 겨울 한반도 북부 전투의 현장 속으로 들어가 본다. 미군의 최강 화력이 산악지형에 무용지물이었던 반면, 중국군은 이미 국공내전으로 다져진 게릴라전의 베테랑이었다. 한편 진영을 막론하고 무서운 적이 있었다. 바로 혹한이었다.

❸

대치

197

1·4 후퇴 이후 38선 부근에서 치열하게 벌어진 공방전. 전쟁은 1년 넘게 이어지고 있었고 한반도의 군인과 민간인은 지쳐갔다. 그렇게 시작된 정전협상. 그런데 중국과 소련은 전쟁이 지속되길 바랐고, 그 결과 협상은 2년 넘게 이어졌다. 그 속내는 무엇이었을까?

한국전쟁은 이후 미국과 중국에 어떠한 영향을 미쳤는가? 오늘날 신냉전이라고도 불리는 두 국가의 대치 구도를 우리는 어떻게 헤쳐 나가야 할까?

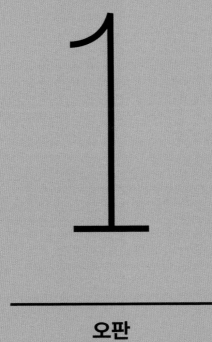

1

오판

2차 세계대전이 끝났다.
세계질서를 재편하기 위한 미국의
은밀하고도 치명적인 움직임이 있었다.

미국은 서태평양 마셜 제도의 비키니섬에서 핵실험을 시작했다.
1946년부터 1958년까지 이 섬에서 67번이나 핵실험이 진행되었다.
원자폭탄보다 무서운 위력을 가진 수소폭탄도 이 섬에서 실험되었다.
핵폭탄은 새로운 국제질서를 구축하기 위한 미국의 핵심 전력이
었다.

핵실험 작전 '크로스로드'의 일환으로 1946년 7월 25일에 실행된 핵폭탄 '베이커' 폭파 장면.
폭발의 영향력을 확인하기 위해 주변에 노후 선박들을 띄워두었다.

J.S.P.C. 877/58

10 May 1949

COPY NO. ___ 17

(SPECIAL DISTRIBUTION)

CR #95

JOINT STRATEGIC PLANS COMMITTEE

BRIEF OF JOINT OUTLINE EMERGENCY WAR PLAN
(Short title: OFFTACKLE)
Reference: J.S.P.C. 877/57/D

Note by the Secretaries

The enclosed report, prepared by the Joint Strategic Plans Group, is circulated for consideration.

J. R. MADISON,

C. C. McFARLAND,

Joint Secretariat.

MAY 11 1949

RECORDS SECTION
OFFICE JOINT CHIEFS OF STAFF

DISTRIBUTION

Rear Admiral C. D. Glover, USN
Rear Admiral W. F. Boone, USN
Brig. General C. V. R. Schuyler, USA
Colonel J. B. Cary, USAF
Secretary, J.S.P.C.

JSPC 877/58

J.C.S. FILE COPY

TOP SECRET

냉전 시대. 미국의 주적은 공산 국가 소련이었다.

1949년, 미국은 소련과의 전쟁 계획을 수립하고 오프태클Off Tackle이라는 이름을 붙였다. 오프태클은 운동 경기에서 상대방의 허점을 뚫어 공격하는 플레이를 말한다. 미국은 전쟁이 시작되면 초반부터 핵무기와 재래식 무기로 소련의 군사·산업 시설을 완전히 파괴하려 했다.

비밀 해제된 1950년 4월 미 공군 작전 회의 문서에 따르면, 미국의 일부 사령관들은 소련이 유럽을 손에 넣기 전에 소련의 핵무기고를 비롯한 전략 시설을 선제 공격해야 한다고 주장했다.

미 공군 작전 회의 문서

미국은 오프태클에서 일본, 페르시아만, 서유럽을 소련 방어의 주요 거점으로 설정하고 이들 지역을 연결하는 북극권의 그린란드해로부터 서유럽, 중동, 히말라야, 태평양 연안을 거쳐 알래스카까지를 소련에 대항하는 봉쇄선으로 삼았다.

이 봉쇄선은 소련이 결코 넘어서는 안 될 선이었다.

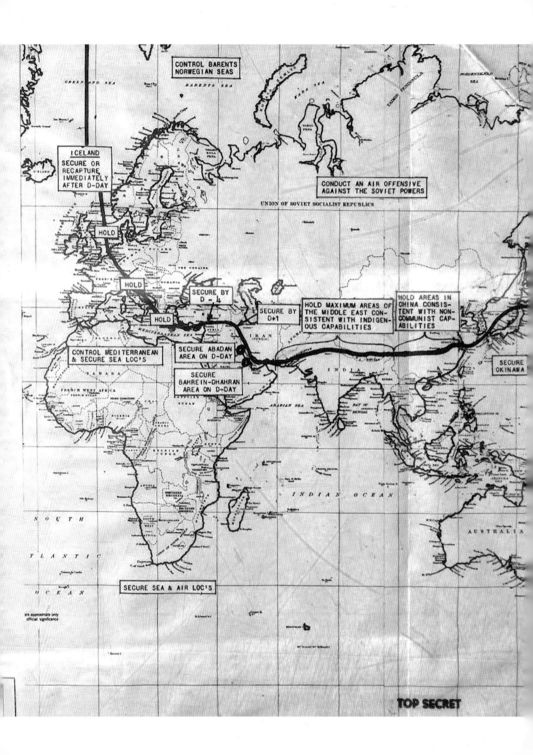

소련 세력의 봉쇄 영역을 표시한 미군의 지도

소련에는 강력한 지도자 스탈린과 최강의 지상군 전력이 있었다. 미국은 소련이 전쟁을 일으킬 경우 먼저 서유럽의 독일과 프랑스에 전력을 집중한 다음, 중동과 동남아시아 등 다방면으로 공격해 올 것이라고 예상했다.

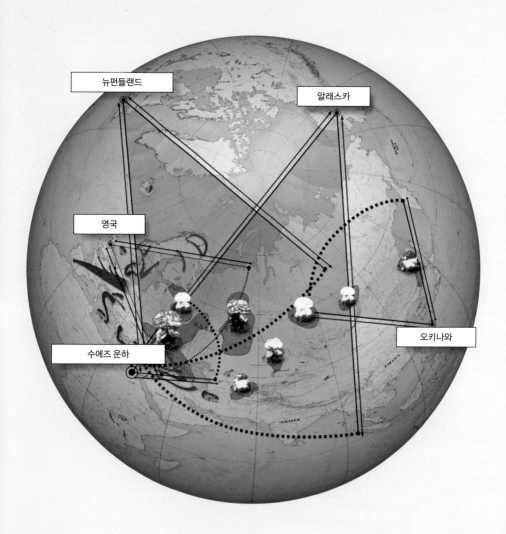

미국은 핵무기로 소련의 공격을 저지한다는 전략을 수립했다. 뉴펀들랜드, 영국, 수에즈 운하, 오키나와, 알래스카 등에 있는 미 공군 기지에서 폭격기를 발진해 핵폭탄으로 소련군을 저지한다는 계획이었다.

이미 2차 세계대전에서 핵폭탄의 위력을 실감한 미국으로서는 당연한 선택이었다. 핵은 재래식 무기에 비해 경제적이기도 했다. 미국은 재래식 무기를 대폭 줄여 군사비를 감축하면서 핵무기 의존도를 높여 소련의 위협에 대처하려 했다.

미국과 소련이 냉전으로 치닫던 1949년 3월, 김일성이 북한 지도부를 이끌고 모스크바를 방문했다. 1948년 9월 9일 조선민주주의인민공화국이 세워지고 나서 6개월이 흐른 시점이었다. 소련군이 철수한 뒤에도 북한은 소련의 지원을 절실히 필요로 하고 있었다.

스탈린은 미국의 힘을 두려워하고 있었다. 무엇보다 남한에 아직 남아 있는 미군이 신경 쓰였다. 1949년 3월 5일 북한과의 회담 자리에서 스탈린은 주한미군의 병력 규모, 북한과 남한의 군사력, 38선 부근에서의 충돌 상황을 물어본 뒤 남북 간 충돌은 바람직하지 않다는 입장을 밝혔다.

그러나 이틀 후 회담 자리에서 김일성은 스탈린에게 무력으로 남한을 해방하겠다고 말했다. 이미 북한 지도부는 전쟁을 계획하고 있었던 것이다. 하지만 스탈린은 북한의 선제공격을 허락하지 않았다. 38선은 미국과 소련이 협의해서 만든 경계선이었다. 만약 북한이 38선을 무시하고 군사 행동을 시작한다면 미국은 분명 한반도에 개입할 것이었다.

<u>김일성</u>　　　지금 상황으로 볼 때 우리가 한반도를 군사적 수단으로 해방할 필요가 있고 충분히 가능하다고 믿는다. 남조선 반동세력은 평화통일에 결코 동의하지 않을 것이다. 그들은 자신들이 북조선을 공격하기에 충분하다고 믿을 때까지, 나라의 분단을 영구화할 것이다. 지금은 우리가 주도권을 확실히 장악할 수 있는 최선의 기회다. 우리 군대는 남한 군대보다 강하다. 게다가 우리는 남한 내에서 강력히 일고 있는 게릴라 운동의 지지를 받고 있다. 남한의 인민대중은 친미정권을 증오하고 우리를 도울 것이 확실하다.

<u>스탈린</u>　　　북쪽이 먼저 남침해서는 안 된다. 세 가지 이유가 있다. 첫째, 북한 인민군은 남조선 군대에 비해 압도적으로 우월하지 못하다. 내가 알기로는 북한군이 수적으로도 남한에 뒤진다. 둘째, 남한에는 아직도 미군이 있다. 적대관계가 일어나면 미군이 개입할 것이다. 셋째, 38선에 관한 미소협정이 아직 유효하다. 이 사실을 잊어서는 안 된다. 우리 측이 이 협정을 파기한다면, 그것은 미국이 개입할 수 있는 이유가 된다.

– 스탈린과 북한 대표단의 대화록(1949. 3. 7)

1949년 8월, 상황이 변했다.
소련이 핵실험에 성공한 것이다.

이로써 소련도 미국과
대등한 힘을 갖게 되었다.

그 전까지 미국은 베를린, 한반도, 그리스, 터키 등에서 소련과 첨예하게 맞섰지만 핵무기를 독점하고 있다는 자신감에 차 있었다. 하지만 소련이 미국의 핵 독점을 무너뜨리면서 미국은 대외 전략을 대대적으로 고쳐야 하는 상황에 직면했다.

1949년 8월 29일 세미팔라틴스크 실험장에서 폭발에 성공한 소련 최초의 원자폭탄 RDS-1

한 달여 뒤,
국제질서에 커다란 충격을 던지는
또 다른 변수가 발생했다.

중국에 중화인민공화국이
수립된 것이다.

1949년 10월 1일, 중화인민공화국 수립을 선포하는 마오쩌둥

1945년 이후 4년이나 이어진 치열한 국공내전에서 승리한 마오쩌둥은
중화인민공화국의 국가 주석 및 혁명군사위원회 주석에 올랐다.
국공내전에서 패배한 장제스의 국민당 정부는 타이완으로 옮겨 가야
했다. 중국이 두 개로 나뉘었으나 사실상 중국이 공산화된 것이다.

이는 단지 중국만의 문제가 아니었다.

급변하는 대외 정세는 미국 정계를 뒤흔들었다.
1949년 다시 대통령이 된 트루먼은 곧 중국 공산화를 둘러싼
미국 내의 정치적 갈등에 휘말렸다.

미 국무장관 딘 애치슨은 일단
중국-타이완 분쟁에 개입하지 않겠다는 입장을 밝혔다.

"현재 중국 본토를 점령한 군대가
미국에 우호적이지 않기 때문에 우리가 포모사(타이완)를
지켜내야 한다고 생각하는 사람들이 있습니다.
현재 포모사에서 발생한 분쟁에 대해 미국은
어떤 군사적 개입도 계획하고 있지 않습니다.
우리는 포모사를 점령하려는 어떠한 시도도,
어떠한 군사 개입도 하지 않을 것입니다."

논의 중인 트루먼과 애치슨

DEPARTMENT OF ST~~ATE~~

INCOMING TELEGRAM

PEM-K-M   8963
No paraphrase necessary.

Moscow via War

ACTION:EUR
INFO: ~~SECRET~~   Dated February 22, 1946
S
U   Rec'd 3:52 p.m.
C
A-B   Secretary of State,
A-C.
A-D   Washington.
SA
SPA   511, February 22, 9 p.m.
UNO
EUR/X   Answer to Dept's 284, Feb 3 involves questions
DC/R   so intricate, so delicate, so strange to our form of
             thought, and so important to analysis of our inter-
             national environment that I cannot compress answers
             into single brief message without yielding to what
             I feel would be dangerous degree of over-simplification.
             I hope, therefore, Dept will bear with me if I submit
             in answer to this question five parts, subjects of which
             will be roughly as follows:

                (One) Basic features of post-war Soviet outlook.

                (Two) Background of this outlook.

                (Three) Its projection in practical policy on
             official level.

                (Four) Its projection on unofficial level.

                (Five) Practical deductions from standpoint of
             US policy.

                I apologize in advance for this burdening of
             telegraphic channel; but questions involved are of such
             urgent importance, particularly in view of recent
             events, that our answers to them, if they deserve atten-
             tion at all, seem to me to deserve it at once. WHERE
             FOLLOWS PART ONE: BASIC FEATURES OF POST WAR SOVIET
             OUTLOOK, AS PUT FORWARD BY OFFICIAL PROPAGANDA MACHINE,
             ARE AS FOLLOWS:

                (A) USSR still lives in antagonistic "capitalist
             encirclement" with which in the long run there can be
             no permanent peaceful coexistence. As stated by
             Stalin in 1927 to a delegation of American workers:

                                        "In course

~~SECRET~~

Russia

1950년 이전까지 미국은 조지 케넌의 이론에 기초한 대외 정책을 구사하고 있었다. 케넌은 1944년부터 1946년까지 소련 주재 미국대사관에서 근무한 후 돌아와 미 국무부 정책기획실 책임자로 활동했다. 그는 소련에 있을 당시 〈긴 전문long telegram〉을 본국에 보내, 소련 공산주의 체제가 생각만큼 강하지 않다고 알렸다. 그는 경제성장을 통해 사람들이 자본주의가 공산주의보다 낫다고 확신하게 되면 공산주의 확산을 봉쇄할 수 있다고 주장했다. 그의 이론에 따라 미국은 경제적·심리적 봉쇄 정책에 주력했다.

케넌이 보낸 〈긴 전문〉의 첫 장

그러나 중국 공산화에 대한 트루먼 정부의 미온적 대처는 강력한 반발을 불러왔다. 그 중심에 미 극동군 최고사령관 맥아더가 있었다.

맥아더는 태평양 지역의 중요성에 주목하고 미국의 전략적 경계가 아시아의 동쪽 해안선, 즉 일본까지 확대되어야 한다고 주장한 바 있었다.

맥아더는 1948년 12월 《라이프》와의 인터뷰에서 중국 공산화에 대한 미국의 대책을 비판했다.

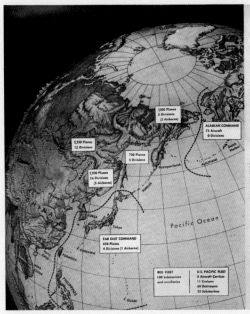

맥아더 "중국의 몰락은 미국을 위험에 빠뜨릴 것이다"

중국에서 공산주의가 군사적으로 승리하는데 어떻게 워싱턴은
이렇게 태평할 수 있는가? … 실제 미국 서쪽 군사 경계선은 아
시아의 해안선인데 중국이 몰락하면 이 군사 경계선이 심각한
위험에 빠질 수 있다.

반공주의자들은 트루먼 정부에 비판을 계속 퍼부었다.

미 상원의원 로버트 태프트는 트루먼 정부를 거세게 규탄했다.

"우리는 외교 정책에 대해 논의하면 안 됩니까?

트루먼 행정부의 정책이 지금 우리를 소비에트 러시아의

엄청난 위험에 처하게 하지 않았습니까?

바로 이 공산주의자들의 위협 때문에 우리의 아들들이

군대에 가고 있는 것 아닙니까?"

반공주의 열풍은 이미 1948년 8월에 시작됐다.

이른바 앨저 히스 사건이었다.

앨저 히스는 1945년 얄타 회담 당시 미국의 국무부 직원으로서 소련 외교장관 몰로토프, 소련 외교차관 비신스키 등과 긴밀히 접촉하며 소련에 대한 유화정책을 이끈 인물이었다.

얄타 회담 당시 소련과 미국의 실무진들

1948년 8월,《타임》편집인이면서

자칭 '과거 공산주의 활동가'였던

휘태커 체임버스가

히스를 스파이라고 고발했다.

법정에서 선서하는 앨저 히스

공산주의 스파이 혐의를 받고 뉴욕 법정에 선 히스는

"휘태커 체임버스에 대해 들어본 적이 없다"고 말했다.

하지만 체임버스는 "히스가 거짓말을 하고 있다"며 고발을 이어갔다.

이 사건은 1950년대 미국 사회를 뒤흔든 반공산주의,

이른바 매카시즘의 서곡이었다.

1950년 앨저 히스가 위증죄로 유죄판결을 받은 2주 후,
공화당 상원의원 조지프 매카시가 충격적인 발표를 했다.

"공산당의 주요 멤버와 소비에트 연방의 비밀요원이
미국 행정안전부의 백지여권을 사용할 계획이
논의되고 있습니다.
바로 이 부서에서 일하고 있는 공산당원들과 함께 말입니다."

매카시는 미국 국무부에 공산주의자가 최소한 205명 있다고 주
장했다. 이를 계기로 매카시즘으로 불리는 반공 열풍이 미국을 휩쓸었
고 공산주의에 대한 공포도 확산되었다.

이처럼 공산주의 팽창과 미국 내 반공 열풍은 트루먼 정부를 직
접적으로 압박했다. 이러한 상황에서 미국의 대외 정책도 바뀌었다.
대소 강경론자인 폴 니츠가 국무부 정책기획국장을 맡게 된 것이다.
1950년 4월 니츠가 작성한 〈NSC 68〉에는 케넌이 주장한 경제·심리적
봉쇄 외에 월등한 군사력을 가져야 한다는 점이 강조되었다. 이 문서에
서 니츠는 미국의 군사 시설들이 지나치게 방어적이라며, 군사
력을 강화해야 함을 역설했다.

노르웨이

스웨덴

덴마크

북 해

발 트 해

에스토니아

라트비아

리투아니아

●모스크바

러시아

벨라루스

네덜란드

독일

벨기에

룩셈부르크

프랑스

폴란드

체코

슬로바키아

우크라이나

몰도바

스위스

오스트리아

슬로베니아

헝가리

루마니아

크로아티아

보스니아-
헤르체고비나

세르비아

코소보

몬테네그로

흑 해

불가리아

이탈리아

마케도니아

알바니아

그리스

터키

지 중 해

1949년 소련의 세력권 (국가명은 현재 기준)

당시 소련 영토
당시 소련의 위성국

카자흐스탄

조지아　　아제르바이잔
아르메니아

미국이 국내의 정치적 갈등에 휩싸여 있는 동안, 소련은 적극적인 대외 팽창 정책을 펼쳤다. 소련은 압도적인 군사력을 바탕으로 동유럽에 영향력을 확대해가고 있었다. 따라서 미국의 정책 역시 유럽을 중시할 수밖에 없었다. 1949년 4월, 미국은 북대서양조약 체결로 소련의 팽창에 맞섰다.

"우리는 세계 도처에 무차별적으로
난사할 여력이 없다.
그럴 만한 실탄을 충분히
보유하고 있지 않다. …
서유럽에 주안점을 두어야 하며
아시아를 대상으로 한 작전은
잠정적으로 보류해야 한다."

– 미국 국무장관 애치슨

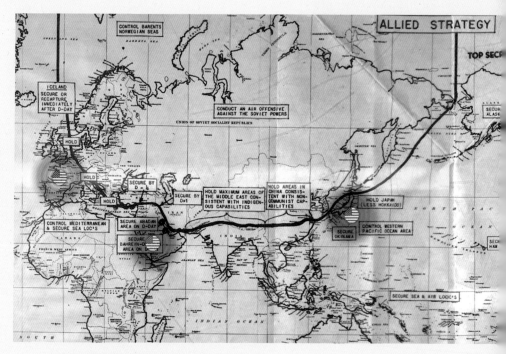

미국이 오프태클에서 전략적 거점으로 삼은 유럽, 중동, 일본

윌리엄 스툭 | 조지아대학 명예교수   당시 유일한 적이었던 소련에 비해 미국은 두 가지 강점을 가지고 있었습니다. 첫째, 미국은 원자폭탄을 1949년까지 독점하고 있었습니다. 둘째, 미국 경제가 훨씬 강했습니다. 즉 미국은 소련에 원자폭탄으로 먼저 공격할 능력도 있었고 경제를 이용해 적군을 물리칠 수도 있었습니다.

오프태클의 초점은 유럽이었습니다. 미국은 전략적으로 유럽, 중동, 동아시아의 순서로 생각했습니다. 한국을 방어한다는 것, 적어도 처음부터 전쟁에 개입하는 것은 미국의 계획에 없었습니다. 미국은 필리핀, 그리고 북쪽 섬인 홋카이도를 제외한 일본을 방어해 소련을 저지하려고 했습니다.

1949년 트루먼이 다시 대통령이 됐을 때 국가 예산이 매우 적었습니다. 이런 상황은 전쟁 참전 계획이나 전투 부대를 한국에 보낼지 말지 결정하는 데 매우 중요한 역할을 했습니다.

1949년 6월, 38선 이남에 주둔해 있던 미군이 철수하기 시작했다. 한국전쟁이 일어나기 1년 전 시점이다. 즉 한국전쟁 전 1년 동안 주한미군은 한반도에 없었다. 한국군 훈련을 위해 미 군사고문단 5백여 명만 남았을 뿐이다.

주한미군은 왜 철수했을까? 우선 미군 점령의 명분이 없어진 점을 들 수 있다. 미국과 소련은 한반도에서 일본군의 항복을 받아내겠다는 명분으로 한반도를 분할 점령했다. 1948년 남과 북에 각기 정부가 세워지고 1948년 말 소련군이 북한에서 철수하면서 주한미군 주둔의 명분이 사라졌다.

무엇보다도 한반도는 미국의 국가안보 전략상 중요성이 떨어지는 지역이었다. 미국은 유럽이나 남아메리카보다 아시아를 뒷전에 두었고, 아시아 중에서는 일본을 가장 중시했다. 미군을 계속 주둔시키면서 비용을 감당하기에 한국은 상대적으로 덜 중요한 곳이었다. 한반도는 많은 산지, 매서운 겨울 추위 때문에 전쟁 시 미군에게 불리하고, 적과 가까워서 비행장을 건설하기에 적절치 못하다는 판단도 있었다.

38선에서 남북 사이에 잦은 충돌이 있었지만 미국은 북한에 대한 구체적인 정보가 없었다. 주한미군을 철수시킨 미국은 남북한의 군사력이 엇비슷하다고 판단했고, 설령 북한이 공격하더라도 남한이 막아낼 수 있길 바랐다.

윌리엄 스툭 | 조지아대학 명예교수 ———— 미국은 기본적으로 한국을 방어할 수 없다는 생각이었습니다. 소련이 20일이면 한국을 장악할 것이라고 봤습니다.

주한미군을 철수하겠다는 결정은 1949년 봄에 내려졌는데요. 합동참모본부 측에서는 북한과 남한의 군대가 대충 균형이 맞는다고 봤습니다. 외부에서 주요 도움을 받지 않지 않은 채 북한이 공격한다면 남한에서 이를 저지할 수 있길 바랐죠. 하지만 그건 미국의 희망일 뿐, 현실은 달랐습니다.

특히 중국 공산당이 중국 본토에서 승리를 거둔 것이 중요했습니다. 미군이 한국에서 군대를 철수한 1949년 6월부터 1950년 6월 사이에 중국 공산당에서 싸웠던 한인 수만 명이 한반도로 돌아온 거죠. 그로 인해 북한군 수가 남한군 수를 훨씬 넘어서게 됐습니다.

1950년 1월 12일, 미 국무장관 애치슨이 미국의 극동방위선을 발표했다. 이른바 애치슨 라인이었다. 애치슨 라인은 알류샨 열도-일본-오키나와-필리핀을 연결하는 선이었다. 이 방위선에서 한반도와 타이완은 빠져 있었다. 소련과의 전면전에 맞서기 위한 전쟁 계획 '셰이크다운Shake Down'에서 미국은 주한미군을 일본으로 철수한 다음 오키나와에서 반격한다는 전략을 세웠다.

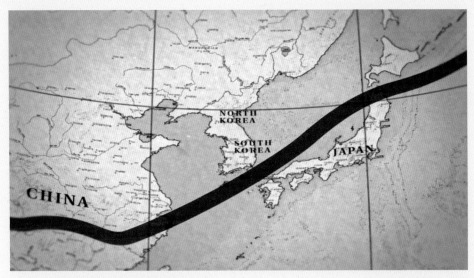

기존 소련 봉쇄선에서 한반도 부근 부분

애치슨 라인에서 한반도 부근 부분

박태균 | 서울대 국제대학원 교수 ──────── 미국 쪽에서 잘못 계산한 것 같습니다. 미국은 북한이 전쟁을 일으키지 못할 것이라고 생각했고, 그렇기 때문에 1949년 6월에 주한미군을 철수시켰습니다. 그 이후 북한군의 상황을 알려주는 다양한 정보가 들어왔는데도 미국은 그 정보들을 체계적으로 분석하지 못했습니다. 오히려 미국은 군사 원조 대신에 ECA 원조라고 하는 경제 원조를 통해 공산주의 봉쇄가 가능할 것이라고 판단했습니다. 미국은 나중에 이러한 쓸데없는 경제 원조 때문에 한국전쟁이 일어나는 데 일조했다는 비판을 받았죠. 이렇게 미국이 공산주의자들의 전략을 잘못 판단했기 때문에 북한이 침략했을 때 초반에 효과적으로 막아내지 못한 측면이 있습니다.

다른 한편으로 공산주의 지도자들이 전쟁을 통해 한반도 전체를 통일하려는 데 빌미를 주기도 했습니다. 주한미군이 철수했을 때 공산진영의 판단 자체가 바뀐 거죠. 주한미군 철수 전과 후, 김일성과 스탈린의 판단이 다르거든요. 미국이 잘못 판단하고 실행했던 정책이 공산주의자들한테 잘못된 신호를 준 겁니다.

PART 1 | 오판 |

미국이 한반도를 대소련 방위선에서 제외하자 김일성, 스탈린, 마오쩌둥의 생각이 달라지기 시작했다. 1949년 봄 김일성과 스탈린이 만났을 때와는 완전히 다른 상황이 전개되고 있었다. 38선 이남에서의 주한미군 철수, 중국의 공산화, 소련의 원자폭탄 보유라는 세 가지 변화가 동북아 정세를 흔들어놓은 것이다.

1950년 3월, 김일성은 다시 모스크바를 방문해 스탈린을 만났다. 스탈린의 생각도 달라져 있었다. 스탈린은 국제적 여건으로 보나 한반도 상황으로 보나 북한이 행동을 개시하는 데 유리하다고 판단했다. 스탈린이 생각하기에 중국 공산당은 국민당을 제압했으니 이제 북한을 얼마든지 지원할 수 있었다. 반면 미국은 중·소 동맹으로 주춤할 수밖에 없고 원자폭탄을 보유한 소련의 위상도 무시할 수 없을 것이었다. 그럼에도 스탈린은 신중한 태도를 견지했다. 미국의 개입 여부가 관건이었고, 중국 지도부가 승인한다는 전제하에 북한의 작전이 시작되어야 했다.

<u>김일성</u>　　마오쩌둥 동지는 항상 조선 전체를 해방하려는 우리의 희망을 지지했다. 마오쩌둥 동지는 중국 혁명만 완성되면 우리를 돕고, 필요한 경우 병력도 지원하겠다는 말을 여러 차례 했다. 하지만 우리는 스스로 조선통일을 이룰 것이다. 우리는 해낼 수 있다.

<u>스탈린</u>　　완벽한 전쟁 준비가 필수다. 무엇보다 군사력의 준비태세를 잘 갖추어야 한다. 엘리트 공격사단을 창설하고 추가 부대 창설을 서둘러라. 사단의 무기 보유를 늘리고 이동 전투수단을 기계화해야 한다. 이와 관련된 귀하의 요청을 모두 들어주겠다. 그런 연후에 상세한 공격계획이 수립되어야 한다.

기본적으로 3단계로 공격이 이루어져야 할 것이다. ① 38도선 가까운 특정 지역으로 병력 집결, ② 북조선 당국이 평화통일에 관한 새로운 제의를 계속 내놓을 것, ③ 상대가 평화제의를 거부한 뒤 기습공격을 가할 것.

옹진반도를 점령하겠다는 귀하의 계획에 동의한다. 공격을 개시한 측의 의도를 위장하는 데 도움이 된다고 생각한다. 북측의 선제공격과 남측의 대응공격이 있은 뒤 전선을 확대할 기회가 생길 것이다.

전쟁은 기습적이고 신속해야 한다. 남조선과 미국이 정신을 차릴 틈을 주어서는 안 된다. 강력한 저항과 국제적 지원이 동원될 시간을 주지 말아야 한다.

– 1950년 3월 30일~4월 25일 김일성의 소련 방문 시 대화록

박태균 | 서울대 국제대학원 교수　　　미국뿐 아니라 공산주의 지도자들도 오류를 범했습니다. 공산 진영의 오판은 1950년 김일성과 스탈린이 만났을 때 명확히 드러났습니다. 두 사람은 미군의 참전 가능성을 놓고 대화를 나눴습니다. 기본적으로 미국이 중국의 공산화를 지켜보고 있었다는 점을 고려했고, 소련에서 원자탄이 개발됐기 때문에 미국이 쉽게 한반도에 개입하지 못할 것이라고 판단했죠. 두 사람이 계속해서 물어보기도 하고 강조했던 점이 '미군은 개입하지 않을 것이다'였습니다. 따라서 전쟁이 시작되면 빨리 끝날 수 있을 것이라고 판단했습니다. 이것이 결정적인 오산과 오판이었고 결국 한국전쟁이 시작되는 데 가장 중요한 계기가 되었다고 생각합니다.

북한 지도부는 미국의 참전 가능성이 희박하다고 판단했다. 미국과 일본이 참전하더라도 북한군이 재빨리 남한을 점령해버리면 힘을 못 쓸 것으로 전망했다. 더구나 북한 지도부는 전쟁이 시작되면 남한 전역에서 공산주의자들이 들고일어나 북한군 편에서 싸워줄 것이라고 예측했다. 그렇게 된다면 전쟁은 3일 만에 끝날 것이었다. 하지만 스탈린은 중국의 지원이 반드시 필요하다고 강조했다.

1950년 5월, 중국을 방문한 김일성은 스탈린의 동의를 받았다며 마오쩌둥에게 전쟁 지원을 요청했다. 김일성은 미군의 개입은 없을 것이며 속전속결로 통일을 이룰 수 있다고 단언했다.

마오쩌둥은 미군의 개입 가능성을 높게 봤고 타이완을 해방시키려는 계획을 염두에 두고 있었기 때문에 한반도 개입에 신중할 수밖에 없었다. 그는 스탈린이 전쟁에 동의하는지 여부를 직접 확인했다. 이에 스탈린은 미국이 방해할 수도 있겠지만 한국이라는 작은 나라 때문에 세계대전을 일으키지는 않을 것이라고 단언했다.

결국 마오쩌둥은 스탈린과 김일성의 뜻에
따르지 않을 수 없었다.

김동길 | 베이징대학 교수　　　　마오쩌둥은 미국의 개입 가능성을 아주 높게 봤기 때문에 전쟁을 강력하게 반대했습니다. 이에 김일성은 첫째 자기가 스탈린과 회담을 했는데 스탈린 동지께서 미국이 개입하지 않는다고 했다, 둘째 내가 전쟁을 하더라도 당신에게 아무것도 요구할 게 없다, 다만 동의만 해달라고 했습니다. 그럼에도 마오쩌둥은 "나나 당신이나 미군의 참모총장도 아니고 미군이 개입할지 어떻게 아느냐"고까지 말하며 반대했어요. 하지만 스탈린이 이미 한국전쟁을 일으키는 데 동의했기 때문에 마오쩌둥도 동의할 수밖에 없었습니다. 그렇게 마오쩌둥이 회고한 적이 있습니다.

김일성, 스탈린, 마오쩌둥은
오판을 실행으로 옮겼다.

1950년 6월 25일,
북한군이 38선 전역에서
남침을 감행한 것이다.

7개 보병사단, 1개 기갑사단,
수 개의 특수 독립연대로 구성된
총병력 11만여 명과
각종 포 1600여 문, 전차 280여 대 등이
동시에 투입되었다.

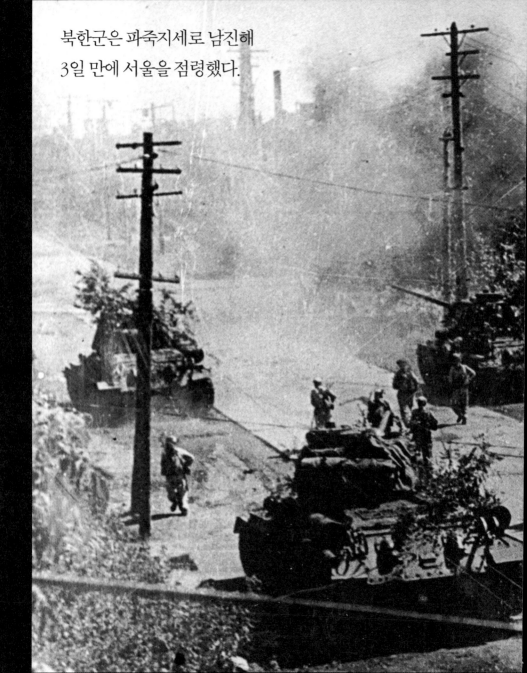

북한군은 파죽지세로 남진해
3일 만에 서울을 점령했다.

한국전쟁이 발발하자 유엔 안전보장이사회가 즉시 열려 북한에 "적대
행위의 즉각적인 중지를 촉구"한 데 이어, 6월 27일에는 "무력공격의
격퇴와 그 지역에서의 국제평화 및 안전의 회복을 위해 한국에 대해 필
요한 원조를 할 것을 회원국에 권고"해 유엔군의 참전이 시작되었다.

소련과의 전면전이 아닌 것을 확인한
미국이 곧바로 한국전에 개입한 것이다.

"공산주의 군대의 한국 침략은 세계의 다른 곳에서도
이와 같은 공격이 벌어질 수 있음을 나타내는 경고입니다.
자유국가들은 부당한 공격에 단호하게 대응해야 하며
그 어느 때보다도 강하게 이 비겁한 행위에 맞서야 합니다.
공산주의자들을 온건하게 대하더라도 더욱 심한 공격,
심지어 전쟁으로 이어질 가능성만 커지기 때문입니다."

– 미국 대통령 트루먼

윌리엄 스툭 | 조지아대학 명예교수 _____ 2차 세계대전 후 한반도는 모든 점령지 중에서 소련과 미국이 서로 대치했던 유일한 곳입니다. 1947~1948년에 소련과 미국이 한반도 통일에 합의하지 못했어요. 미국이 유엔에 남한 단독정부 설립을 제안한 결과 대한민국이 건국했습니다. 그렇게 미국이 남한 성립에 크게 기여했죠. 1950년 6월에 전쟁이 났는데도 미국이 남한을 구하러 오지 않는다면 해외에서 미국이 쌓아온 신뢰에 큰 타격을 입게 됩니다. 지역적으로 일본뿐만 아니라 유럽에서도 그렇게 될 수 있었습니다. 당시 유럽 역시 독일이 분단되어 있었죠. 독일은 전략적으로 매우 중요한 곳이었습니다. 북한의 남한 침공이 유럽에도 영향을 줄 수 있었습니다.

공산 측이 공격하지 않을 것이라는 미국의 예상,
미국이 개입하지 않을 것이라는 공산 측의 판단은
모두 빗나가고 말았다.

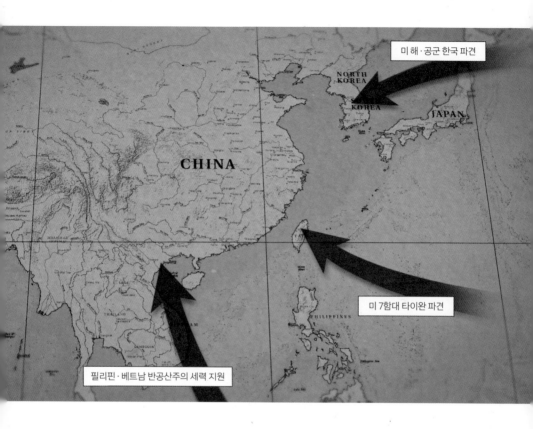

전쟁 초기, 미군은 해군과 공군을 한국에 파병했다. 필리핀·베트남의 반공산주의 세력 지원에도 나섰다. 그리고 미 7함대를 발진해 타이완 해협을 봉쇄했다.

중국은 이러한 전개를 크게 우려했다. 동남아시아, 타이완, 한반도 등 세 방향에서 미군이 중국 본토를 공격할 것이라고 여겼다. 1949년에 건국한 신생국 중화인민공화국은 장제스가 이끄는 타이완의 국민당 정부와 첨예하게 대치하고 있었다. 이런 상황에서 미군의 대대적인 전개는 중국 본토 공격 신호로 읽힐 수 있었다.

주젠룽 | 도요가쿠엔대학 교수   한국전쟁이 시작된 지 3일 후, 미국은 7함대를 타이완 해역에 발진하기로 했습니다. 당시 중국 지도자들은 충격이 컸습니다. 1950년 1월 12일 발표된 애치슨 라인 안에 타이완과 한반도가 포함되어 있지 않았거든요. 그래서 당시 스탈린과 김일성은 미국이 한국전쟁에 개입하지 않을 것이라고 생각했고, 중국은 타이완을 해방시키는 데 미국이 개입하지 않을 줄 알았죠.

그런데 7함대가 들어오면서 이 모든 게 바뀐 겁니다. 예측이 크게 빗나갔기 때문에 중국 지도자들은 다 혼란스러워했고 어떻게 해야 할지 몰랐습니다. 한참 지켜보다가 다음 전략에 대해 생각했어요.

중국 사회가 받은 충격은 더 컸습니다. 베이징에 중화인민공화국이 성립된 지 반년밖에 안 됐고 당시 중국 남쪽에서는 마오쩌둥의 군대와 장제스의 군대가 아직 싸우는 중이었으니까요. 양측은 아직 승부를 내지 못한 상태였습니다. 그런 상황에서 미국의 개입은 장제스의 반격을 지지하는 의미일 수 있었습니다. 그래서 당시 중국 대륙의 백성들, 특히 지식인들은 엄청 걱정했습니다. 경제에도 큰 혼란이 있었습니다. 미국의 개입은 당시와 한국전쟁 이후의 중국 사회에 매우 큰 영향을 주었습니다.

중국 사회는 엄청난 충격에 휩싸였다.
미국과 중국 사이에
3차 세계대전이 일어날 것이라는 우려가
중국 전역에 팽배해졌고
이는 중국 사회를 근본부터 흔들었다.

김동길 | 베이징대학 교수 ＿＿＿＿＿＿ 한국전쟁의 발발은 중국에 굉장히 부정적인 영향을 끼쳤습니다. 이때 톈진, 베이징, 상하이의 모든 증시가 폭락했고, '중국 공산당이 곧 망한다', 즉 하늘이 변한다는 변천變天 사상이 전국적으로 퍼지기 시작했어요. 심지어 타이완의 장제스 부대는 화남지역으로, 미군은 화중지역으로, 일본군은 동북지역으로 밀고 들어와서 중국 공산당을 곧 소멸시킬 것이라는 소문이 전 민중에게 광범위하게 빠른 속도로 퍼졌습니다. 지방에 있던 공산당원들은 '이제 좋은 날이 며칠 안 남았다', '산으로 올라가 유격전을 준비해야 한다'며 술렁였습니다.

중국 내의 이러한 반응은 시시각각 마오쩌둥에게 보고됐다. 중국 지도부는 '반혁명 활동 진압에 관한 지시'를 내려 이른바 반혁명 세력과의 전면전을 선포했다.

이렇게 미군의 한국전쟁 참전은
중국을 크게 흔들어놓았다.

유럽 사령부

1950년 6월 당시 미군은 전 세계에 배치되어 있었다.

미국 본토에 5개 사단, 베링해를 사이에 두고 소련과 대치하던 알래스

카 사령부, 파나마 운하의 교통로 확보를 위한 중남미의 카리브해 사령

부, 전통적인 미국의 세력권이던 태평양을 관할하는 태평양 사령부, 독

일에 주둔하던 1개 사단의 유럽 사령부, 4개 사단의 일본의 극동사령부

등 총병력은 10개 사단 138만, 그중 지상군은 60여만 명이었다.

한국전쟁이 발발하자 미국은 일본의 극동 사령부 병력을 가장 먼저 파

병했고 뒤이어 본토 사령부 병력도 파견했다.

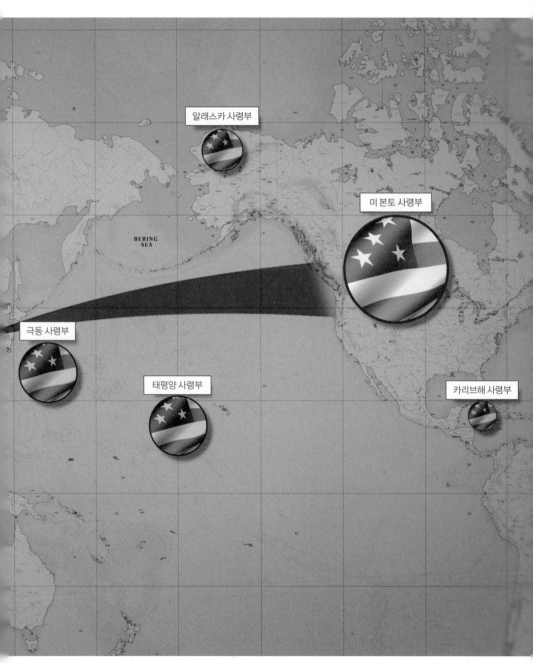

알래스카 사령부

미 본토 사령부

BERING
SEA

극동 사령부

태평양 사령부

카리브해 사령부

한국전쟁 발발 후 미군 최초로 도착(7월 2일)한 24사단 21연대 스미스 부대 장병들

1950년 7월, 미군 병력 5만여 명과 영국, 호주, 타이, 터키 등 16개국에서 파견한 유엔군이 한반도에 상륙했다.

전장으로 출동하는 미군들

북한군의 진군을 늦추기 위한 미군의 폭격에 폭파되고 있는 한강 철교

전우를 잃고 슬퍼하는 미군

전쟁 초기, 미군 등 유엔군은 북한군의 남하를 저지하지 못했다.

미군은 평택, 안성, 대전 등에서 연패했고 전선은 남으로 밀렸다.

미군은 병력을 증원하고 군수품을 보강했으나 전세를 회복하지 못했다.

미군과 유엔군은 낙동강까지 밀렸다. 속전속결로 남한을 해방시키

겠다는 김일성의 호언장담이 곧 실현될 것처럼 보였다.

동북국

NORTH
KOREA

SOUTH
KOREA

JAPAN

한국전쟁이 발발할 당시, 중국군은 전체 병력 350만 명이 넘는 대
군이었다. 이들은 국민당군 잔당 소탕, 티베트 공격, 미얀마·베트
남 국경 수비 등의 임무를 맡고 있었다.

1950년 7월, 중국은 4개 군단 3개 포병사단으로 동북변방군을 조
직하고 이들을 한반도와 접경 지역인 동북지방으로 이동시켰다.
개전 초기 이미 중국은 참전을 준비하고 있었던 것이다. 마오쩌둥
은 중국군을 참전시켜 한국전쟁을 빨리 끝낼 생각이었다.

그러나 스탈린의 생각은 달랐다. 그는 중국이 한국전쟁에 조기 개입하는 데 반대했다. 북한에 대한 소련의 영향력이 약화될까 염려해서였다.

윌리엄 스톡 | 조지아대학 명예교수 ——— 스탈린은 중국이 한국전에 개입하는 것에 대해 주저했습니다. 그건 당연한 것이었어요. 중국군이 한국에 가면 북한에 대한 소련의 영향력이 약화되니까요.

9월 말이 되어서야 스탈린은 마오쩌둥에게 한국에 군대를 보내 압력을 가하도록 허락했습니다. 하지만 그때 이미 북한군은 패하고 있어서 중국군이 개입하지 않으면 북한을 지키지 못할 지경이었습니다.

한편 스탈린은 한국전쟁을 소련 팽창을 위한 기회로 여겼다. 미국이 한국전쟁에 힘을 쏟는 사이에 스탈린은 유럽 쪽 공산 진영의 힘을 키워 국제 관계에서 우세한 위치를 차지하고 싶었던 것이다.

개전 초기,
미군과 유엔군이 낙동강까지 밀린 전선.
대반전이 일어났다.

1950년 9월,
유엔군 사령관 맥아더가
과감한 작전을 실행한 것이다.

인천으로 집결한 유엔군 전투기와 전함들

인천상륙작전을 지휘하고 있는 유엔군 사령관 맥아더

인천 앞바다는 조수간만의 차이가 심하고 수로도 협소했다.

유엔군은 이 모든 악조건을 극복하고 상륙작전을 성공시켰다.

인천 상륙을 기다리는 유엔군들

인천 월미도를 점령한 유엔군

상륙 부대는 한국군 2개 연대를 포함,
해병과 보병 각 1개 사단으로 구성됐다.
이들은 치열한 시가전 끝에 인천을 탈환했다.

3일 후 상륙 부대는
김포와 영등포 두 방향으로 진격해
서울을 포위하기 시작했다.

인천에 상륙해 방조제를 기어오르는 유엔군

마침내 9월 28일, 유엔군은 서울을 수복했다.
전쟁이 발발한 지 약 3개월 만이었다.

서울 시가전을 벌이고 있는 유엔군

생포된 북한군 포로들

서울 탈환은 대반격의 서막이었다. 인천상륙작전이 성공하자 낙동강 전

선의 유엔군도 북상하기 시작해 38선 이남을 모두 회복했다.

서울을 탈환한
미국은 선택의 기로에 섰다.

38선을 넘어
계속 북상할 것인가,
아니면 전쟁 이전 상태로
회복하는 데서
멈출 것인가?

미군이 서울의 주한영사관에 성조기를 올리고 있다.

10월 1일, 북한의 메시지가 베이징에 도착했다.

중국군의 참전을 요청하는 김일성과 박헌영 명의의 서한이었다.

"우리 자체의 힘으로써는 이 위기를 극복할 가능성이 없습니다.…
중국인민군의 직접 출동이 절대로 필요하게 됩니다."

10월 4일, 한국전쟁 참전 여부를 결정하기 위한 중국 중앙정치국 확대
회의가 열렸다. 출병반대론이 우세했다. 중국으로서는 한국전쟁
에 참전하기 힘든 이유가 하나둘이 아니었다.

주젠룽 | 도요가쿠엔대학 교수 _____ 대다수는 전쟁 개입에 반대했습니
다. 왜냐하면 첫째 중국 경제가 아직 회복되지 않았고, 둘째 아직 장제
스의 군대와 남쪽에서 싸우고 있었으니까요. 셋째로 만약에 중국이
패배한다면 미국이 중국 동북까지 들어올 상황이었습니다. 그래서 당
시 중국의 군사·경제·외교 지도자들은 전부 참전에 반대했습니다.
국공내전 이후 항상 마오쩌둥의 제일 주된 군사 조력자였던 린뱌오
는 전쟁을 치를 때 항상 치밀했어요. 그는 미국의 군사력이 너무 강
하다고 생각했습니다. 미국 한 사단의 화포는 중국 한 군단의 화포보
다 강했고 다른 기술적인 시설도 중국보다 우월했죠. 그리고 미국은
공군의 지원도 있었습니다. 그래서 린뱌오는 미국과 싸울 수 없다고
생각했습니다.

한국전쟁 참전이 불가하다고 판단한 중국은 스탈린에게 의사를 전달했다. 최종 결정권은 스탈린이 갖고 있었다. 마오쩌둥은 미국의 개입과 그에 따른 소련의 개입 등 확전을 우려하는 신중론을 피력했다.

毛泽东致斯大林电

绝密

苏军总参谋部第二总局
密码电报
发自北京
1950 年 10 月 3 日

优先拍发

菲利波夫

呈上毛泽东对您第一线 581 号电报的答复，内容如下：

"1950 年 10 月 1 日来电收悉。我们最初曾打算，在敌军向三八线以北进攻时调动几个师的志愿军到北朝鲜去支援朝鲜同志。

可是，经过慎重考虑，我们现在认为，这样做会造成极为严重的后果。

第一，靠几个师很难解决朝鲜问题（我军装备极差，同美军作战无胜利把握），敌军会迫使我们退却。

第二，这样做极有可能引起美国与中国的公开冲突，苏联也可能因此而卷入战争，这样一来，问题可就更大了。

中共中央的许多同志认为，在这个问题上必须谨慎行事。

当然，我们不派兵援助对正面临围境的朝鲜同志十分不利，我们自己的心里也十分不安。但如果我们出动几个师，随后又被敌军赶回来，并由此引起美国与中国的公开冲突，那么我们和平建设的整个计划将被全部打乱，国内许多人会表示不满（战争给人民带来的创伤尚未抚平，人民需要和平）。

因此，目前最好还是克制一下，不主动出兵，但要蓄积力量，这样会更有利于对敌作战。

朝鲜是暂时失利，将来会改变斗争方式，进行游击战。

我们还要召开中央工作会议，中央直属的各地方局和边疆区局的负责同志都将到会。对这个问题尚未做出最后决定。我们提前发出这份电报，是想征求您的意见。如果您同意，我们准备立即让周恩来和林彪同志乘飞机赶往您的休养地，同您讨论这件事并报告中国和朝鲜的形势。

盼复。"

"몇 개 사단만으로는 조선 문제 해결이 어렵다.…
중국 참전은 미국과의 충돌로 이어질 수 있으니
파병 문제는 신중하게 다루어져야 한다.…
지금은 군대를 보내지 말고 힘을 비축해야 한다."

그러나 스탈린은 마오쩌둥에게 참전을 독려했다.

"미국은 대규모 전쟁을 진행할 준비가 되어 있지 않다. …
전쟁을 피할 수 없다면 몇 년 후가 아닌 지금 싸워야 한다."

김동길 | 베이징대학 교수 _____ 중국은 우여곡절 끝에 10월 5일 참전을 1차로 결정했습니다. 이 참전을 결정하게 된 경위를 잘 이해해야 합니다. 중국으로부터 참전을 거부한다는 전보를 받은 후 스탈린은 중국이 참전하지 않으면 안 된다는 전보를 다시 보냅니다. 그 중요한 이유 중 하나가 어차피 미국을 위시한 자본주의 세력과의 전쟁이 불가피하다면 일본이라든지 영국이라든지 미국을 도울 수 있는 국가의 힘이 상당히 약화돼 있는 현재가 가장 좋은 시기이므로 만일 싸우려면 지금 싸워야 된다는 것이었습니다. 동시에 중국과 소련은 동맹조약을 맺고 있기 때문에 중국이 미국과 싸우게 되면 소련도 중국과 함께 미국과 싸우게 되는 것이므로, 즉 참전하게 되는 것이므로 무서워할 필요가 없다는 것이었습니다.

스탈린의 이 편지가 마오쩌둥이 출병하는 데 결정적인 역할을 했습니다. 특히 중국과 함께 미국과의 전쟁에 참전할 것이라는 소련의 약속이 큰 역할을 했죠.

다시 중국 중앙정치국 확대회의가 열렸다. 마오쩌둥은 스탈린의 참전 권유를 받아들였다. 그는 "미국이 가장 유력한 적"이라며 어떤 위험이 있더라도 미군이 평양을 점령하기 전에 출병해야 한다고 주장했다. 그래야 미군의 중국 본토 공격을 막을 수 있다고도 했다.

주젠룽 | 도요가쿠엔대학 교수   중국은 미국이 세 방향으로 중국에 위협이 될 것이라고 생각했습니다. 당시 이를 '별을 향한 세 가지 전략'이라고 불렀습니다. 여기서 별은 곧 중국의 중심을 뜻합니다. 세 방향 중 하나는 남쪽의 인도차이나반도였습니다. 당시 중국에서 제일 쇠약한 군대가 운남, 광시에 남아 있었습니다. 다른 두 방향은 타이완·상하이, 그리고 한반도였습니다. 그런데 실질적으로 당시 미국은 이미 장제스가 타이완에서 상하이를 공격하는 것을 지원하고 있었고, 인도차이나반도에서는 프랑스군이 이미 중국의 해안까지 들어와 있었죠. 여기에 미국이 한반도로 들어온다면 세 방향으로 동시에 공격이 들어오니까 중국이 위험해지는 것이죠. 이 때문에 '별을 향한 세 가지 전략'을 중요하게 생각했습니다.

흑해 연안의 도시 소치에 있는 스탈린 별장

중국군 출병 문제는 또 한 번의 반전을 맞았다. 10월 11일 스탈린, 저우언라이, 린뱌오가 스탈린 별장에서 회담을 가졌다. 중국 측은 소련의 지원을 요구했다. 소련이 군사 장비와 공군 병력을 지원하면 파병하겠다는 것이었다. 그러나 스탈린은 준비 부족을 핑계로 공군 지원을 거절했다. 그러자 중국도 참전하지 않기로 결정했다.

김동길 | 베이징대학 교수　　　　10월에 중국 외상 저우언라이가 무기 지원 문제를 논의하러 모스크바에 갔다가 비행기를 타고 흑해를 방문해 스탈린을 만났습니다. 이 회담에서 스탈린은 "우리가 공군을 제공하는 데 시간이 걸리고, 무기는 다 지원하겠지만 그 무기를 중국인민군이 숙달해서 사용하는 데까지 훈련을 포함해 6개월이 걸린다. 하지만 그때까지 기다릴 게 아니라 중국인민지원군은 당장 군대를 보내서 북한을 도와야 한다"고 주장했습니다. 저우언라이는 "우리는 그렇게 할 수 없다"고 했죠. 스탈린과 저우언라이는 최종적으로 중국군이 참전하지 않기로 결론 내렸습니다.

전보를 받은 마오쩌둥은 12일 중국인민지원군에게 출전 중지를 명령했고, 단둥에 머물고 있던 펑더화이에게 14일에 열릴 정치국회의에 참여하라고 지시하고 참전을 보류시켰습니다.

유엔은 또 하나의 중요한 결정을 내렸다.
유엔군의 38선 돌파를 공식 승인한 것이다.
미국의 전쟁 목표가 달라지는 순간이었다.

개전 초기에 미국은 전쟁 전의 상황, 즉 38선 이남 회복을 목표로 삼았다. 하지만 전세가 유리해지자 38선 돌파와 한국 통일을 전쟁의 새로운 목표로 설정했다.

그러나 미군의 최종 목적지는 한·중 국경선이 아니었다. 당시 미군은 정주와 함흥을 잇는 선을 북진 한계선으로 삼았다. 이른바 '맥아더 라인'이었다. 그리고 북진 한계선 이북의 북진은 한국군이 맡는다는 전략을 세웠다.

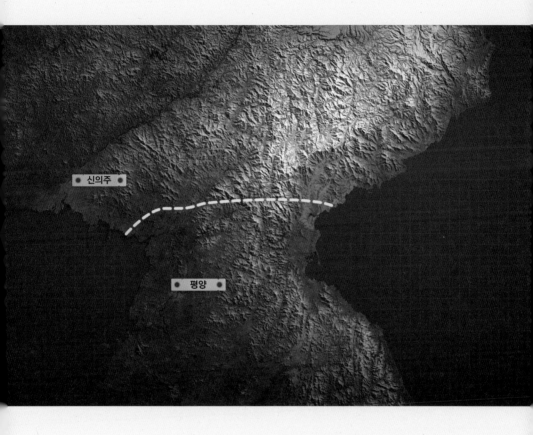

윌리엄 스툭 | 조지아대학 명예교수 _____ 원래 북진 한계선은 북한의 한반도 영토가 좁아지는 부분까지였습니다. 원산과 평양 북쪽이었죠. 미군과 유엔군은 그 선에서 멈춰 방어선을 구축하고, 한국군은 더 북쪽으로 나아가며 남아 있는 북한군을 무너뜨리기로 했습니다.

9월 중순 군사적인 상황이 미국이나 한국 쪽, 즉 맥아더가 지휘하던 유엔 쪽으로 유리하게 기울면서 미국에서는 한국을 주축으로 한반도를 통일해보고자 했습니다. 하지만 그건 소련이나 중국이 개입하지 않을 때 얘기였습니다.

미군이 북상을 감행하자 10월 14일 중국은 다시 중앙정치국 긴급회의를 소집했다. 이 회의 자리에 참석한 인민지원군 총사령관 펑더화이는 출병을 강력히 주장했다. 그 이유는 무엇일까?

펑더화이는 미군이 평양-원산 인근에서 진격을 멈출 것이라고 예상했다. 미군이 설정한 북진 한계선과 비슷한 라인이었다. 중국은 미군이 평양-원산 선에서 멈출 경우 중국군이 평양 이북 지역을 점령하게 되어 싸우지도 않고 시간을 확보할 수 있고, 미군의 북진 한계선을 자신들의 국방선(국가방위선), 즉 국경선으로 삼을 수 있다고 판단했다.

중국의 국방선을 압록강에서
평양-원산 이북 지역으로 확장하게 된다.
우리는 확실히 그렇게 할 수 있고,
이는 우리에게 엄청난 이익이 된다.

– 〈조선 상황과 중국군이 조선에 들어가 참전하는 것에 대한 의견〉 (1950. 10. 14)

김동길 | 베이징대학 교수 _____ 펑더화이가 참전 보류 소식을 듣고 단둥을 출발하기 전, 북한에서 온 박일우를 만났습니다. 박일우는 미군이 빠른 속도로 북진하고 있지만 평양-원산까지만 진격한다는 정보를 전해줬습니다. 이 정보에 펑더화이가 상황을 재빨리 판단해버렸습니다. 미군이 평양-원산까지만 진격할 경우, 소련의 무기나 공군이 도착하지 않더라도 중국 인민지원군이 먼저 출동해서 평양-원산 이북 지역에 방위선을 견고하게 구축한다면 미군은 물론이고 한국군마저 진격을 보류하게 될 것이다, 즉 싸우지 않고 중국의 국방선을 압록강에서 평양-원산까지 확장할 수 있다는 것이 결국 중국이 한국전쟁에 참전하게 된 근본적인 동기라고 볼 수 있습니다.

10월 14일 정치국회의가 열렸을 때 중국 지도부 전체가 이 회의에 참석해서 전원이 이 주장에 동의했습니다. 10월 초에 찬반양론이 50 대 50으로 갈려서 쉽게 정할 수 없었던 것과 확연히 다르죠. 그때는 미국이 우리를 공격하지 않으면 우리도 공격하지 말자, 결국 싸우지 않겠다는 입장이었습니다. 하지만 이번에는 싸우지 않고 그 지역을 확보할 수 있다는데 참전하지 않을 이유가 없었죠.

마침내 중국이 한국전 참전을 결정했다. 명분은 항미원조전쟁이었다. 항미원조전쟁은 미국에 대항해 북한을 지원한 전쟁이라는 뜻으로, 한국전쟁을 일컫는 중국 정부의 공식 명칭이다.

중국은 참전을 통해 '싸우지 않고
국경선을 확대'하려 했다.
결과적으로 그것은
중국의 오산이자 오판이었다.

중국이 참전을 결정한 직후인 10월 15일, 태평양의 작은 섬 웨이크에서 트루먼과 맥아더가 만났다. 맥아더는 미군의 38선 돌파와 북진으로 잔뜩 고무되어 전황을 낙관하고 있었다. 그는 크리스마스까지는 전쟁을 끝낼 것이라고 장담했다.

맥아더　추수감사절 내로 북한과 남한 사이의 분쟁이 종식될 거라고 믿습니다. 크리스마스까지 미 8군을 일본으로 철수시킬 수 있을 것 같습니다.

트루먼　중국과 소련이 개입할 가능성은 없습니까?

맥아더　거의 없습니다. 두 나라가 전쟁 개시 후 1~2개월 이내에 개입했더라면 상황이 변했을 수 있지만, 지금 우리는 그들의 개입을 두려워하지 않습니다. 중국은 만주에 30만 군대를 보유하고 있는데 그중 10만에서 12만 5천 명 정도가 압록강을 따라 배치되어 있을 것입니다. 그중 5만에서 6만 명 정도가 압록강을 넘어올 수 있을 것입니다. 그들은 공군이 없습니다. 만약 중국이 평양으로 밀고 내려오려 한다면 대살육이 벌어질 것입니다.

– 〈웨이크섬 회의록〉

트루먼을 만난 지 이틀 후,
유엔군 사령관 맥아더는 북진 한계선을 해제했다.

마침내 1950년 10월 19일, 미군이 평양에 입성했다.

바로 그날, 중국군이 압록강을 건너기 시작했다.

중국군은 압록강 세 군데 지점을 통해 한반도로 들어왔다.

기껏 5만~6만 명에 불과할 것이라던 맥아더의 예상과 달리

30만 대군이 이른바 항미원조전쟁에 나섰다.

중국군의 사기는 하늘을 찌를 것처럼 높았다.

경무장한 중국군은 빠르게 남하했다.

미군이 북진 한계선 너머로

진군하지 않을 것이라는 중국의 예상,

그리고 중국군이 개입하지 않을 것이고

개입하더라도 그 병력이 많지 않으리라는

미국의 예상은 모두 빗나가고 말았다.

미군도 청천강을 건너 북상하고 있었다. 이미 전의를 상실하고 패주한 북한군의 저항은 미미했다. 이제 곧 미국의 새로운 전쟁 목표, 한반도의 통일이 달성될 것처럼 보였다.

미군은 정찰기를 띄워 적의 상황을 살피며 국경으로 진격했다. 그러던 어느 날, 공군 정찰병들은 낯선 군대를 발견했다.

"중국군이 청천강을 건너 내려오는 걸 봤습니다.
밝은 대낮에 강을 넘어오고 있었습니다.
중국군이 온다는 것을 믿을 수 없었습니다.
전투기가 공격했지만 중국군은 계속 내려왔습니다.
아마 수백 명은 죽었을 겁니다. 강 전체가 핏빛이 됐죠.
그런데도 중국군은 계속 강을 건너왔습니다.
정보부에 보고했지만 아무도 믿지 않았습니다. 그들은
크리스마스 때는 미국으로 돌아간다고 생각했으니까요.
그들은 '중국군은 감히 올 수 없다'고 말했습니다."

– 조지 울프 (당시 미 공군)

중국군이 목격되고 일부 전선에서 중국군을 생포하기까지 했지
만 미군 수뇌부는 대수롭지 않게 여겼다.

이미 대규모 중국군이 한국전에 개입하고 있었지만 미국은 이들에 대
한 정보가 없었다. 미군은 한·중 국경선을 향해 북진을 거듭했다. 험난
한 산악지형이 그들 앞을 가로막기 시작했다. 한반도 북부는 겨
울로 접어들고 있었다.

머잖아 섭씨 영하 30도를 밑도는
혹한이 시작될 것이었다.
이런 조건 속에서 미국과 중국의 피할 수 없는
충돌이 다가오고 있었다.

2

충돌

미 10군단에 배속된 해병 1사단이 원산에 상륙했다. 한반도 동부 전선에 배치된 병력이었다. 한국군은 동해안을 따라 함경도 해안으로, 미 해병 1사단은 원산, 함흥을 거쳐 장진호 방향으로 진격을 시작했다.

미군은 탱크, 장갑차 등 중화기로 무장하고 있었다. 진격 도중 몇 차례 소규모 전투가 있었다. 패주하는 북한군의 저항은 미미했다. 중화기로 무장한 미군의 화력은 압도적이었다.

미 해병 1사단 주력부대가 장진호까지 진격했다. 수력발전을 위해 압록강의 지류인 장진강을 막아 조성한 인공호수인 장진호는 일제강점기인 1934년에 완공되었다. 이곳은 평균 해발 1500미터가 넘는 험준한 산악지형으로 둘러싸여 있었다. 이 깊은 오지에 사는 주민들에게 미군은 신기한 존재였다. 주민들은 오랜 삶의 터전인 이곳이 곧 세계적인 격전장이 되리라고는 상상조차 하지 못했다.

1950년 11월 21일, 미 7사단이 혜산진을 접수했다. 혜산진은 좁은 강폭을 사이에 두고 중국의 장백현과 마주 보는 곳이었다.

서부전선의 미군도 북진을 거듭하고 있었다. 10월 19일 평양을 점령한 유엔군은 신의주 방면을 목표로 진격했다. 미군 3개 사단과 한국군 4개 사단 병력 등이었다.

적은 보이지 않았고 전쟁은 곧 끝날 것 같았다.
맥아더는 고무됐다.

"전 전선에서 압록강으로 진격하라!
 크리스마스 전에 미 8군은 철수한다."

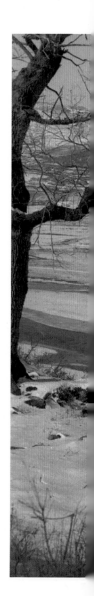

혜산진에서 강 너머 중국 땅을 바라보는 미군들

미군은 서부전선과 동부전선으로 나뉘어 진격했다. 두 전선의 최대 간격은 약 120킬로미터였고, 그 사이에 높은 산맥이 가로막고 있었다. 두 전선의 단절은 미군의 치명적인 약점이었다.

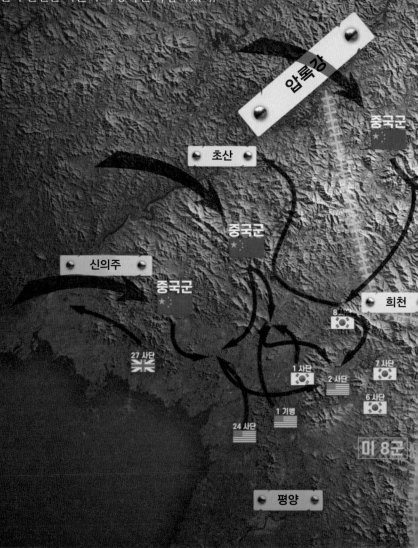

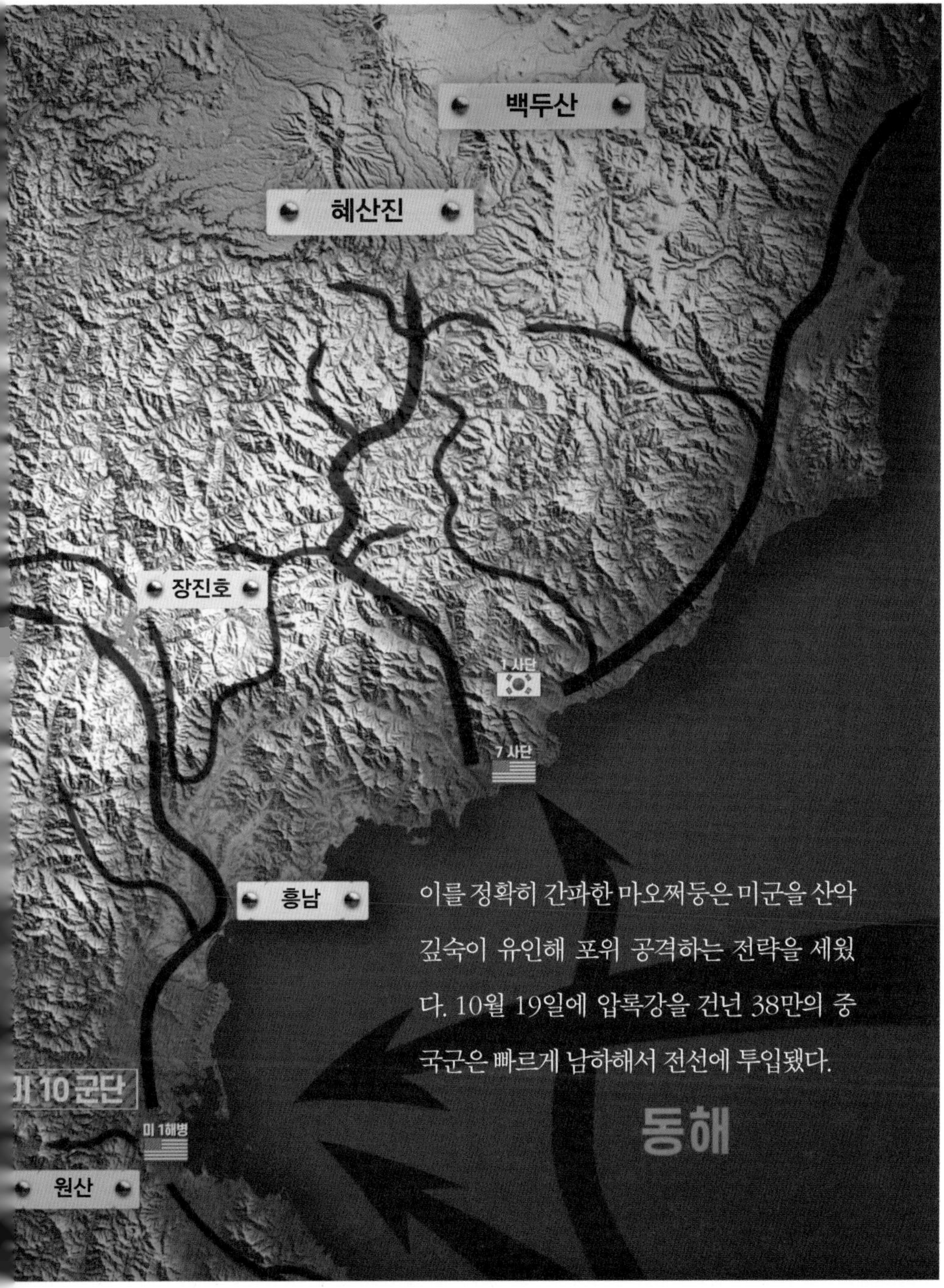

백두산

혜산진

장진호

1 사단

7 사단

흥남

이를 정확히 간파한 마오쩌둥은 미군을 산악 깊숙이 유인해 포위 공격하는 전략을 세웠다. 10월 19일에 압록강을 건넌 38만의 중국군은 빠르게 남하해서 전선에 투입됐다.

동해

제 10 군단

미 1해병

원산

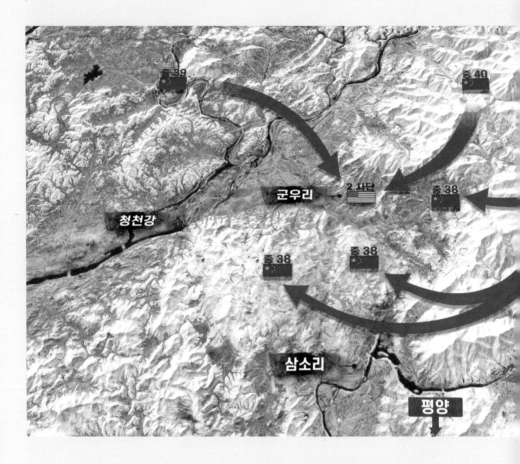

중국군 총사령관 펑더화이는 미군의 이동과 배치 상황을 정확히 파악하
고 있었다. 그는 미군의 퇴로를 차단하기 위해 중국군 38군을 군
우리 남쪽 삼소리로 이동시켰다. 군우리에 주둔하는 미 2사단을
완전히 포위하려고 한 것이다.

경무장한 중국군은 빠르게 남하해서 참호를 깊
게 판 다음 후퇴해 오는 미군을 기다렸다.

중국군에게 완전히 포위된 군우리의 미 2사단은
철수하기 시작했다. 매복한 중국군은 미군 선발
대 전차는 그냥 보냈다. 특유의 유인 전술이었다.
중국군은 이미 유리한 지형을 선점하고 있었다.

군우리 남쪽 약 10킬로미터의 좁고 긴 계곡으로
미군 본진이 진입했다. 바로 그때,
능선에 위치한 중국군의 파상공격이 시작됐다.

좁은 계곡에 갇힌 미군은 속수무책이었다.
미군도 대응하여 사격을 가했지만
고지의 중국군에게 큰 타격을 입히지 못했다.

미 공군기가 지원에 나섰다.

그러나 미군도 중국군도 폭격이 두렵기는 마찬가지였다.

"미군 비행기가 와서 중국군을 공격했습니다.
미군 장비도 모두 폭발했고 저희도 폭격을 맞을까 봐
너무 두려웠습니다."

-찰스 랭글 (당시 미 2사단)

"미군은 비행기가 많았습니다.
폭격기가 있고 쌕쌕이(제트기)도 있고. 하지만 미군 속으로
중국군이 쑥쑥 들어가니까 미군에 피해가 갈까 봐 위에서
빙빙 돌기만 했지. 폭격도 못 하고 총도 못 쏘고."

- 윤재한 (당시 중국군)

군우리에서 철수하면서 미군은 막대한 피해를 입었다.
병사들만이 아니라 많은 지휘관도 죽거나 생포되었다.

"이 전투에서 잡은 포로가 천여 명입니다.
 제일 높았던 사람 중에는 연대장급도 있었고
 중좌, 대좌도 있었습니다."

– 윤재한 (당시 중국군)

"그때 무참히 패배했습니다. 많은 미군이 죽거나
 심각한 상처를 입거나 중국군에게 붙잡혔습니다.
 제 인생 최악의 날로 기억합니다. 1950년 11월 30일 이후
 그날보다 더 최악이었던 날은 없습니다.
 뭐가 그때보다 나쁠 수 있겠어요. 정신적으로나 육체적으로나
 말입니다. 제가 살아남을 거라고 생각하지 않았습니다."

– 찰스 랭글 (당시 미 2사단)

군우리 전투는 3천여 사상자를 남겼다.
맥아더는 고통스러운 결정을 내렸다.

"모든 전선에서 철수하라!"

E N C L O S U R E

MEMORANDUM BY THE CHIEF OF STAFF, U.S. ARMY

for the

JOINT CHIEFS OF STAFF

on

POSSIBLE EMPLOYMENT OF ATOMIC BOMBS IN KOREA

한국에서 원자폭탄 사용 가능성

20 November 1950

1. The apparent overt intervention of Chinese Communist forces
in the Korean conflict and their capability further to augment
the forces opposing Commander in Chief, United Nations Command
(CINCUNC), raises anew the question of possible use by UN forces

중국군이 본격 개입하고 모든 전선에서 미군이 철수하자 미 언론은 트루먼의 선택에 깊은 관심을 보였다. 바로, 핵폭탄 사용 여부에 대한 것이었다. 트루먼도 이를 부인하지 않았다.

"우리는 미국의 안보와 생존을 위해 한국에서 싸우고 있습니다.
우리는 유엔을 통해 정의와 평화로운 세계 질서를
확립할 것을 공약했습니다. 우리는 그 약속을 지킬 것입니다."

한국전쟁은 자칫 핵전쟁으로 비화할 수도 있었다. 한국 여론의 관심도 뜨거웠다.

트루먼이 원자폭탄 사용을 고려하고 있다는 머리기사가 실린 1950년 12월 2일자《조선일보》1면

한편 평양의 대동강변에서는 미군을 따라 함께 피란하려는 시민들로 인산인해를 이루었다.

"그야말로 참담했죠. 내 뒤에 수만 군중이 있었습니다.
부교 쪽으로 가니까 군인이 총을 쏘면서
'No more communist(공산주의자는 필요 없다)'.
우리를 공산주의자로 보는 거야."

— 김병기 화백

미군은 강 건너는 것을 막으려 했다. 유일한 통로였던 부교의 통행도 금지되었다. 그러자 수많은 피란민이 폭파된 대동강 철교로 밀려들었다.

"철교 한 토막이 끊어져서 물속으로 들어가 있었어요.
거기에 재목을 부으면 될 것 같았어요. 그래서 열두 시경에
이용상(시인)하고 선우휘(당시 국방부 정훈장교)와 상의했습니다.
'우리가 살 길은 이 다리를 고치는 겁니다.'
'주변에 있는 재목이란 재목은 날라다가 갖다 부으세요.'
'좋습니다.' 전선을 끌어다가 사다리를 만들고 가운데 길을
만들고 또 전선을 끌어다가 유(U) 자로 다른 쪽 길을
만들었습니다. 내가 선두에 서서 다른 사람의 아이를
하나 안고서 다리를 넘었습니다.
저녁부터 다리를 넘기 시작해서 밤새도록 넘었습니다."

– 김병기 화백

장진호

미 8군의 서부전선이 밀릴 무렵, 동부전선에는 미 10군단이 주둔하고 있었다. 미 해병 1사단이 전개하고 있던 장진호는 압록강으로 진격할 수 있는 전략적 요충지였다.

미군이 향하고 있던 유담리는 해발 1060미터의 고지대로, 함흥까지 직
선거리로 약 100킬로미터였다.

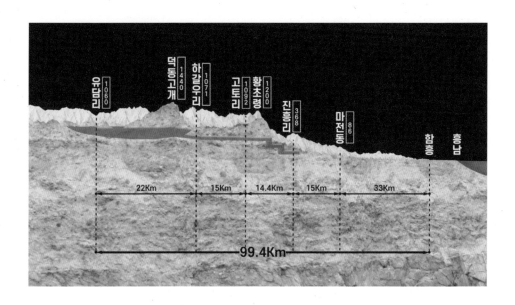

미군은 장진호 동쪽과 서쪽으로 진격했다.

그들 앞에는 대규모 중국군이 접근해 있었다.

밤을 틈타 중국군은 철저히 숨어, 빠르게 이동했다. 미군은 이들의 존재를 알아채지 못했다. 압록강변에서 장진호까지, 중국군은 산악지형을 도보로 이동했다. 미군은 수시로 정찰기를 띄웠으나 적을 발견할 수 없었다. 중국군의 은폐는 완벽했다.

"바닥에 엎드려서 모포를 뒤집어쓰고 숨었습니다.
비행기가 우리를 찾지 못하고 그냥 지나가면 다시 벗고
재빨리 움직였습니다."
                                                    - 위중원 (당시 중국군)

당시 중국군은 9병단 산하 3개 군단 15만 대군이었다. 미군을 완전히 포위하고 퇴로를 차단한 중국군은 조용히 이동하며 공격 명령을 기다렸다.

영하 30도를 밑도는 밤, 공격 신호가 울렸다.

"그날 밤에 첫 공격을 당했습니다.
새벽 두 시였습니다. 정확히 기억합니다.
갑자기 언덕에서 중국군이 수천 명 나오더니
우리 부대 중앙을 쳤습니다.
그렇게 우리 소대 대부분을 잃었습니다." - 제임스 졸리 (당시 미 해병 1사단)

보이지 않는, 엄청난 숫자의 낯선 적.
미군은 중국군의 기습을 감당하기 어려웠다.

"싸우느라 정신이 없어서 무서울 시간이 없었습니다."

- 제임스 졸리

장진호 동쪽의 미 7사단이 퇴각하기 시작했지만 퇴로는 막혀 있었다.
안전이 확보되지 않았지만 7사단은 얼어붙은 장진호를 선택할 수밖에
없었다.

"지휘관이 외쳤습니다. '호수 위로 가자!'
장진호 위에서 차를 몰거나 걷는 건
다들 두려워했습니다. 얼음이 얼마나 두꺼운지도 몰랐고.
하지만 달리 더 할 수 있는 게 없었습니다.
제 소총에는 탄환이 거의 없었습니다. 다른 방법이 없었죠."

– 찰스 게바트 (당시 미 7사단)

중국군의 공격은 집요했다. 일부 병력이 무사히 장진호를 건넜으나 7사단은 치명적인 피해를 입었다. 철수 과정에서 병사뿐만 아니라 많은 지휘관이 희생당했다.

"장진호에서 나오는 과정에서
맥클린 대령(연대장)이 죽었습니다. 페이스 중령(대대장)은
오후 네 시에서 네 시 십오 분 사이에 죽었습니다."

– 찰스 게바트

장진호 서쪽 유담리에 주둔하던 미 해병 1사단도 철수를 시작했다.

그들은 덕동고개를 넘어야 했다.

덕동고개는 미 해병 1사단 5연대 F 중대 237명이 선점하고 있었다.
미군의 퇴로를 차단하기 위해 중국군이 압도적인 병력으로 공격해 왔다.

"군단에서 '우리가 얼마나 죽든 상관없다,
무조건 여기를 돌파하라' 하고 명령했지요. 굉장했습니다."

– 김윤익 (당시 중국군)

"그때는 너무 참혹했습니다. 총도 망가져서 없었습니다.
수류탄을 던졌습니다. 수중의 수류탄도 다 던지고
미군이 던진 수류탄을 잡아서 바로 던졌습니다.
오는 대로 잡아 던졌어요."

— 량창진 (당시 중국군)

"일이천 명 정도였던 것 같습니다.
작은 개미들이 다가오는 것처럼 보였습니다."

– 빌 린 (당시 미 해병 1사단)

"중국군은 삶에 대한 미련이 없어 보였습니다.
우리는 기관총을 쏘고 박격포와 대포로 공격했습니다.
그런데도 계속 달려오는 겁니다. 끊임없이요."

– 조지프 오언 (당시 미 해병 1사단)

"중국군 두 명이 우리에게 오는데
손에 수류탄을 들고 있었습니다. 그런데 내 자동 소총이
작동을 안 하는 거예요. 얼어버려서.
아직도 그때 꿈을 계속 꿉니다. 악몽이죠
꿈속에서 총을 쏘려 하는데 안 되는 겁니다.

- 토오 텐차카 (당시 미 해병 1사단)

전투는 5일간 이어졌다. F중대는 기어코 덕동고개를 사수해 사단의 퇴로를 확보했다. 전투가 끝났을 때 237명 중에 86명만 전투력을 유지하고 있었다. 중국군은 2천 명 이상이 전사한 것으로 알려져 있다.

미군과 중국군이 함께 감당해야 할 적이 있었다. 바로 혹한이었다. 양측에서 동사자가 속출했다. 중국군 80사단 240연대 5중대는 전 중대원이 얼어 죽었다.

"해가 뜨기 시작할 즈음
중국군이 다 사라졌습니다.
중국군이 있던 장소에 가보니 시체가
60구 이상 널려 있었습니다.
상상할 수 있는 모든 기괴한 자세로요.
몇 분 사이에 딱딱하게 언 거예요."
– 로요 민차카 (당시 미 해병 1사단)

"잘 먹지도 못하고 홑겹만 입고 있었습니다.
싸우다가 쓰러져서는 다시 일어나지 못했습니다.
그대로 얼어 죽은 겁니다. 총인원은 알지 못합니다.
매서운 추위에 눈밭에서 얼어 죽기도 했습니다."

– 니엥덴원 (당시 중국군)

"살이 막 떨어져 나갔습니다. 몸이 꽁꽁 얼어버린 겁니다.
팔과 다리를 잘라내야 했습니다."

– 창문항 (당시 중국군)

중국군의 상태는 왜 그렇게 열악했을까? 중국군 지휘부가 미군을 포위하기 위해 경무장으로 재빨리 남하하는 전략을 선택했기 때문이다. 게다가 중국군에 대한 군수지원품은 빈약하기 그지없었다.

가볍지만 따뜻하지 않은 복장으로 산을 오르는 중국군

영하 30도를 밑도는 혹한을 견디다 못해 스스로 포로가 된 중국군들도 있었다. 그들의 상태는 심각했다. 거의가 동상에 걸려 있었다.

"그들은 고무로 된 신발을 신고 있었는데
 발이 꽁꽁 얼었습니다.
 마치 발을 얼음 통에 담근 것 같았습니다.
 10파운드나 되는 얼음덩이에 말입니다."　　- 월터 벤튼 (당시 미 3사단)

12월 초, 미 10군단 병력이 하갈우리로 집결했다. 장진호 옆 유담리에서 남쪽으로 20여 킬로미터 떨어진 지점이었다. 미 해병 1사단과 미 육군 7사단 병력이 중국군의 포위를 뚫었지만, 대다수가 전투력을 상실한 상태였다.

중국군 못지않게 무서운 적, 강추위 역시 이들을 괴롭혔다.

동사자가 속출했다.

수많은 비전투 손실.
전혀 경험해보지 못한 전쟁이었다.

"정말 추웠어요. 눈이 엄청 쌓여 있었습니다.
게다가 겨울옷도 가지고 있지 않았어요. 고토리에서
100구 정도를 묻었습니다. 그 시신들을 다 미국으로
데려올 수 있었는지는 모르겠습니다.
우리가 철수하기로 했던 날 밤은 영하 40도가 넘었습니다."

– 제임스 졸리 (당시 미 해병 1사단)

랠프 가스텔럼과 에드윈 핸슨이 동사한 시신을 처리하던 상황을 이야기
해주었다.

"시체들은 죽은 순간 그대로 얼었습니다.
시신이 여기저기 널려 있었죠.
불도저가 땅을 파던 게 떠오릅니다." –랠프 가스텔럼 (당시 미 해병 1사단)

"네, 맞아요. 땅을 파서 시신들을
그곳에 집어넣고 묻었습니다." –에드윈 핸슨 (당시 미 해병 1사단)

"그래요. 얼어 죽은 시신들이요." – 랠프 가스텔럼

2차 세계대전 당시의 모스크바 전투, 스탈린그라드 전투와 함께 장진호 전투는 세계 3대 동계전투로 꼽힌다. 장진호 전투에서 가까스로 살아남은 조지프 오언은 자신의 중대에서 10퍼센트만 살아남았다고 말한다.

"우리 중대에 해병이 3백 명 있었습니다.
마지막 전투를 하고 마지막 노래를 부른 후 살아남은 장교는
저뿐이었죠. 저희 중대에는 고작 30명만 남아 있었습니다."

– 조지프 오언 (당시 미 해병 1사단)

혹독한 추위와 보급품 부족에 시달리면서 중국군의 전투 의지도 급속히 약화되었다. 당장 내일 어찌될지 알 수 없는데 전투 의지를 어떻게 불사를 수 있었겠는가.

"양식이 없고 감자밖에 없는데…
감자 먹고 어떻게 삽니까.
얼어 죽은 사람도 많았습니다."

– 김윤익 (당시 중국군)

"오늘밤 저녁을 먹지만
내일 아침에 또 무슨 일이 생길지
아무도 알 수 없었습니다.
오늘 아침을 먹지만
오후에 무슨 일이 생길지
아무도 장담 못 하는 겁니다." – 위중원 (당시 중국군)

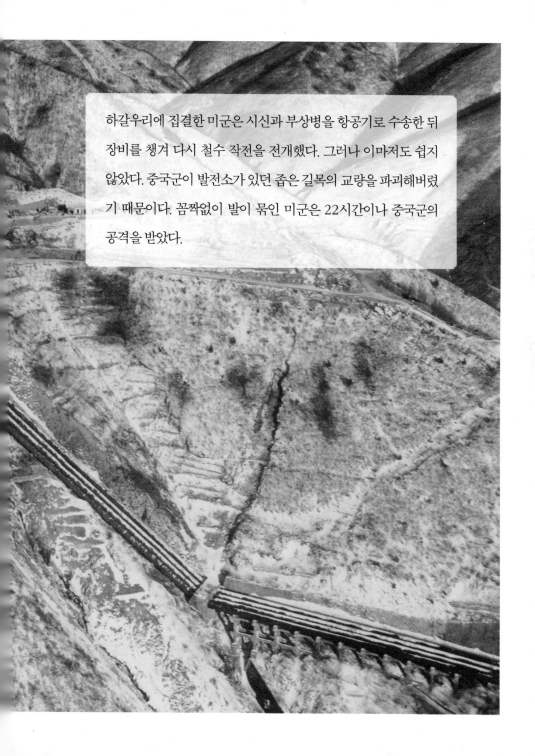

하갈우리에 집결한 미군은 시신과 부상병을 항공기로 수송한 뒤 장비를 챙겨 다시 철수 작전을 전개했다. 그러나 이마저도 쉽지 않았다. 중국군이 발전소가 있던 좁은 길목의 교량을 파괴해버렸기 때문이다. 꼼짝없이 발이 묶인 미군은 22시간이나 중국군의 공격을 받았다.

중국군의 공격이 뜸해질 무렵 미군이 반격에 나섰다. 중국군은 저항하지 않았다. 그들은 모두 동사한 채로 발견되었다.

"아침에 점호하면 나오는 사람이 몇 없었습니다.
 부대가 다 어디 갔는지 검사하면 거의 다 엎드린 채로
 얼어 죽어 있었습니다. 장진호에서 그때 죽은 사람은
 거의 추워서 죽거나 먹지 못해 죽은 경우가 많았습니다.
 전투로 죽은 경우는 얼마 안 됩니다."
— 김윤익 (당시 중국군)

미군은 공군 수송기를 동원해 부교를 설치할 수 있는 장비를 투하했다.

"다리를 다시 세우는 데 필요한 재료를 공수해줬습니다.
 맨 처음에는 눈 덮인 땅속에 파묻혔는데
 땅이 얼어서 꺼낼 수 없었습니다. 두 번째는 중국군이
 대부분을 가져가 버리고 세 번째에야 우리 해병 기술자들이
 받았습니다. 그제야 발전소 쪽에 다리를 다시 세워서
 그곳을 빠져나올 수 있었습니다."
— 윌리엄 비즐리 (당시 미 해병 1사단)

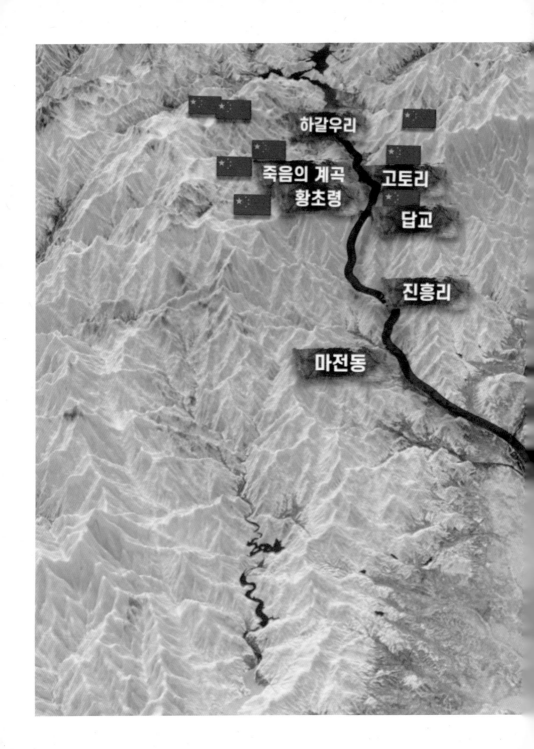

공군이 공중에서 지원한 부교 덕분에 미군은 철수 작전을 재개할 수 있었다. 미군은 황초령을 넘어 함흥을 지나 흥남으로 향했다.

함흥

흥남

모든 전선에서 미군이 철수하면서 전쟁은 새로운 국면에 접어들었다.
미 행정부도 다급해졌다. 미국 대통령 트루먼은 국가 비상사태를
선언하고 자유를 수호하겠다는 결의를 다졌다.

"미국인들은 항상 용기와 결단력으로 위험에 대처했습니다.
나는 우리가 이번에도 그렇게 할 것이라고 확신합니다.
하느님의 도움으로 우리는 자유를 지킬 것입니다."

한편 중국은 이른바 항미원조운동을 대대적으로 전개하기 시작
했다. 민간인을 대상으로 전쟁 지원금 모금에 나섰다. 이는 미국과의 정
면 대결에서 결코 질 수 없다는 의지의 표현이었다.

국가 비상사태를 선포하는 문서에 서명하는 트루먼

1950년 12월, 미 해군 함대가 동해로 진격하기 시작했다. 항공모함 7척, 전투함 13척 등이 흥남 해상을 장악했다.

7척의 항공모함에서는 함재기가 1700여 회나 출격, 흥남항 북방에 공중포격을 가했다. 이른바 '공중방패' 작전이었다.

동시에 13척의 전투함에서 함포사격으로 지상군을 방호한다는 '철의 장막' 작전도 함께 세웠다. 이 철의 장막 작전에 2차 세계대전의 영웅 미주리함도 동원됐다. 12월 7일부터 일주일간, 미 해군은 2만여 발의 포탄을 퍼부었다.

당시 중국군은 이미 보급 문제와 혹한으로 전투를 거의 포기한 상태였다. 중국군 9병단은 연속적인 타격을 입고 이후 3개월간 전선 투입이 불가능해졌다.

미 해군의 엄호 덕분에 미 해병 1사단이 흥남으로 집결했다. 미 7사단, 한국군 1군단도 무사히 흥남으로 입성했다.

공산 진영을 향해 포격하는 미주리함

수습된 전사자들은 흥남의 언덕에 묻혔다.

임시묘지는 낯선 땅에서 벌어진 미·중 충돌의 상징이 되었다.

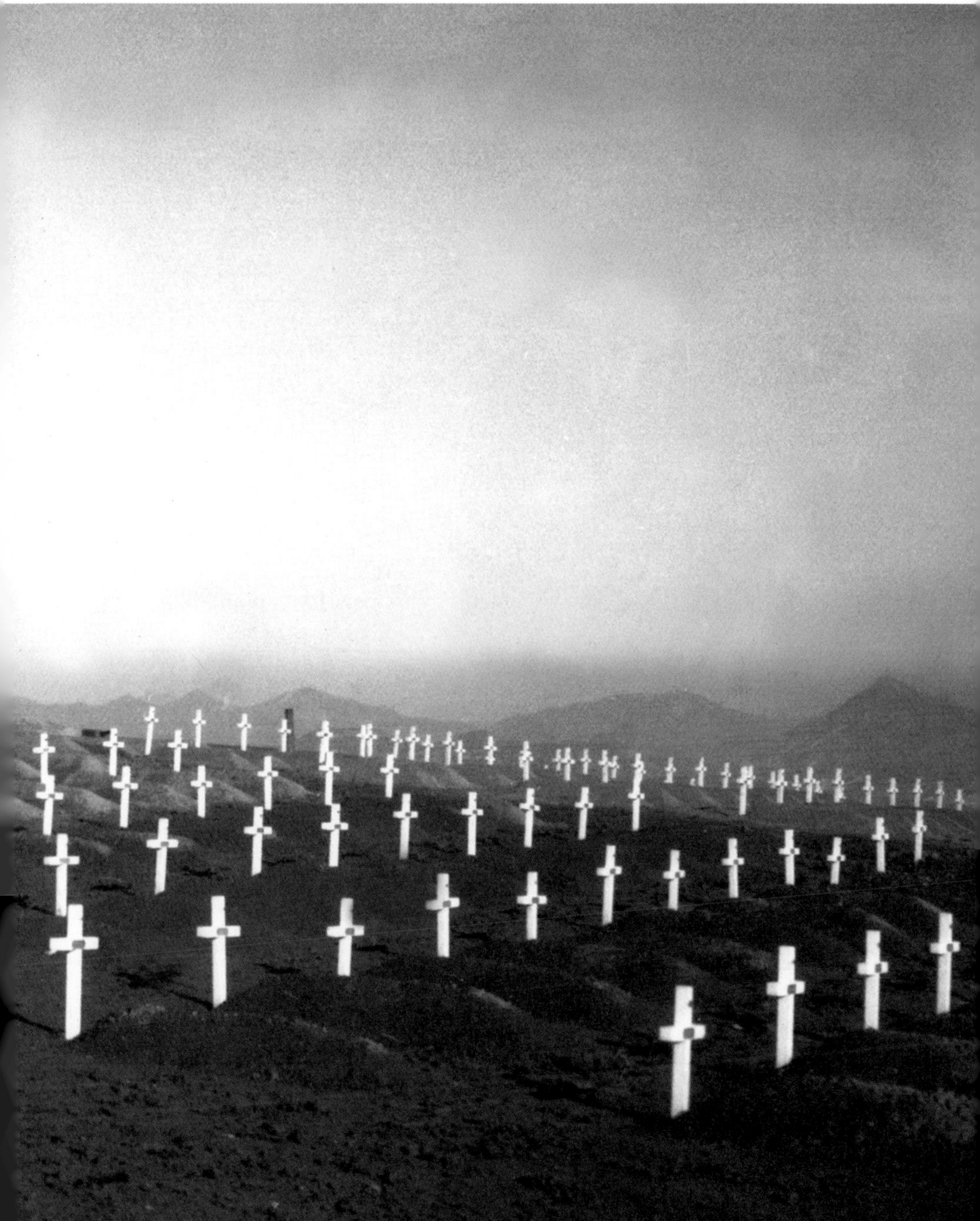

홍남은 유일한 탈출구였다. 그 아래 지역인 원산을 이미 중국군이 장악했기 때문이었다.

지상군의 승선이 시작되었다. 12월 14일 미 해병 1사단 승선을 시작으로 한국군 수도 사단, 미 7사단과 3사단 등 모든 지상군이 배에 올랐다.

당시 홍남 부두에는 또 다른 인파가 있었다.
함께 피란하려는 수많은 민간인이 홍남 부두에 몰려와 있었다.

미 10군단은 어려운 결단을 내렸다.
수백 톤의 물자와 무기를 버리고 피란민의 승선을 허락했다.

1950년 12월 24일 크리스마스이브는 흥남 철수 작전의 마지막 날이었
다. 군인 10만 5천여 명, 피란민 9만 8천여 명, 물자 35만 톤과 차
량 1만 7500대가 미군 수송선에 올랐다.

미군 수송선들이 부두를 떠나자 흥남 부두 전체가 폭발했
다. 모든 기반 시설이 폭발과 함께 사라졌다.

24일, 날씨와 해상 조건은 완벽했고
흥남 부두는 섬광과 연기, 먼지, 화염 속으로 사라졌다.
9만 8천 명 이상의 피란민이 우리 배에 탔다.
충분한 공간이 있었다면 사람들을 두 배는 더
구출할 수 있었을 것이다. 마지막 배가 떠났을 때,
나는 배에 타고 구출된 수만큼의 사람들이
자신들도 구출되길 바라는 헛된 희망을 가진 채
여전히 그곳에 남아 있었을 것이라고 추정한다.

― 흥남 철수 작전 지휘관 제임스 도일, 〈흥남에서의 1950년 12월〉

"우리가 해변을 철수하는 마지막 부대였습니다.

그때 한 여성이 사오 미터 떨어진 곳에 있는 것을 봤습니다.

그래서 모닥불 쪽으로 가까이 오라고 했습니다.

그는 영어를 못했고 물론 나도 한국어를 못했지만

서로 몸동작이나 간단한 소리로 소통했습니다.

그 여성은 93세였고 피란 중 친척들과 헤어졌다고 했습니다.

저는 해변 전체에 폭탄을 설치해서

폭파할 것이라고 얘기했습니다.

하지만 그는 계속 거기 있겠다고 말했습니다.

큰 폭발이 있을 거라고 계속 말했지만 소용없었죠.

지금 당장 승선하라는 마지막 호출이 있었지만

그는 계속 그곳에 남아 있었습니다.

승선 후 위쪽으로 올라가 그가 앉아 있던 곳을 찾았습니다.

배가 1킬로미터 정도 떨어졌을 때 해변 전체가 폭발했습니다.

연기가 사라졌을 즈음 그를 더는 찾을 수 없었습니다.

그는 폭발하는 현장에 있었을 겁니다.

크리스마스이브가 되면 늘 그때가 떠올라요.

그 생각을 하면 좀 힘들어집니다."

- 월터 벤튼 (당시 미 3사단)

대치

한·중 국경선까지 밀고 올라갔던 미군은
중국군에 막혀 후퇴했다.
전선은 서울 남쪽으로 밀렸다.
1951년 1·4 후퇴였다.

중국군이 남하하자
수많은 서울 시민이 얼어붙은 한강을 건넜다.
민간인들은 밀고 밀리는 전선을 따라다니며
온몸으로 전쟁을 견뎌야 했다.

열차 지붕에 자리 잡은 피란민들과 다음 열차를 기다리는 피란민들

당시 한국을 포기하라는 트루먼의 지시를 미국 참모총장 조지프 콜린스
가 전달했으나, 미 8군 사령관 매슈 리지웨이는 반격을 자신하며 이렇
게 말했다.

"펑더화이가 사람으로 바다를 만든다면,
저는 불로 바다를 만들 것입니다."

1월 말, 유엔군은 전열을 재정비하고 반격에 나섰다.
선더볼트 작전Operation Thunderbolt이었다.

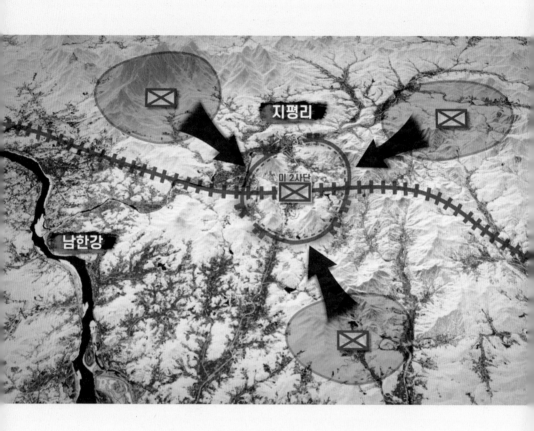

지평리

미 2사단

남한강

1951년 2월, 치열한 공방전 속에서 미 2사단은 경기도 양평군 지평리까지 진격해 있었다. 도로와 철도가 지나는 교통의 요충지였던 지평리는 미군 전선 중에서 가장 북쪽으로 돌출된 곳이었다.

미 8군 사령관 리지웨이는 예상되는 중국군의 공격에 맞서 지평리를 반드시 고수하라고 강조했다. 중국군의 기습 포위 전술에 맞서 우세한 화력 위주의 미군 전술이 맞붙는 시험대로 지평리를 지목한 것이다.

중국군은 세 방향에서 미군을 포위했다. 3개 사단의 중국군이 6천여 미군을 공격해 왔다. 수적으로 열세였으나 미군은 우세한 화력을 앞세워 중국군에 맞섰다.

적군과 아군을 식별할 수 없는 수류탄전과 육박전이 계속되었다.

7일간의 전투 끝에 미군은 진지를 지켜냈다.

포위된 미 2사단을 지원하기 위해 전차 23대가 주축이 된 특수임무부대가 구성되었다. 전차 부대의 선두에서 후미까지는 1500미터에 달했다. 6킬로미터에 이르는 적진을 뚫고 전차 부대는 2사단과의 연결에 성공했다.

중국군은 5천여 사상자를 남기고 퇴각했다.

지평리 전투는 대규모 중국군의 공격에 맞서 미군이 최초로 거둔 전술적 승리였다. 지평리 전투는 한국전쟁의 중대한 전환점이었다.

맥아더는 미군의 화력이 중국군의 병력을 압도할 수 있다는 것을 확인했다. 그는 미국의 모든 전력을 집중해서 중국을 완전히 굴복시켜야 한다고 주장했다.

Tokyo, Japan.

20 March 1951.

Dear Bob:

      I am just in receipt of your very fine article in THE FREEMAN. It is masterfully written in language that all can understand, and I know it will go a long way toward restoring a proper perspective in the public mind. I also received the other day the copy of the foreword you wrote to Gene Schoor's pictorial biography, which moved me deeply and for which I am most grateful to you.

      The situation in Korea is somewhat improved and we have taken a heavy toll of the enemy, but it is a matter of unending concern that with a comparatively small force we face the military potential of the Chinese nation, with at least uncertainty as to Soviet intentions. Red China's weakness has definitely been established — the lack of an industrial base and raw resources to produce, operate, and maintain even moderate air and naval power or the heavier weapons needed in the conduct of modern ground operations. So long as we can maintain our air and naval superiority, the enemy definitely cannot push us around, provided his supply lines are sufficiently extended to enable us reasonable opportunity for effective interdiction. I have urged from the moment the Chinese entered the war that we must recognize the realities of the situation and strike back at the new enemy where it hurts most and with the maximum power we can mount. It is quite possible in view of the revelation of his basic military weakness that we could cripple or neutralize his capacity and will for aggressive war in a comparatively short time. Few, however, will face the realities, and as a consequence we seem to be projected into an indecisive campaign with the cost of holding a position in Korea becoming, in the long run, infinitely greater than were we to fight back along conventional lines.

      It is argued by those who oppose the extension of the war to China proper that (1) it would provoke all-out war in Asia; and (2) it would provoke Soviet intervention in Korea. Unsound logic this. The only

RICHARDSON, ROBERT C.

맥아더가 전 미 태평양 육군 사령관 로버트 리처드슨에게 보낸 서신

"중국군의 약점은 이미 확연히 파악되었다.

공군과 해군 운용에 필요한 물자를 생산하고

군대를 운영 및 지속할 수 있도록 하는

산업 기반과 원자재가 부족할 뿐 아니라,

현대 지상 작전을 수행할 무기들을 만들어낼

재료와 시설 또한 부족하다는 점이 바로 그것이다.

적군의 가장 취약한 지점을, 우리가 가진 최고의 무력으로

밀어붙여야 한다. 중국군 세력이 아시아에 퍼지길 막는

유일한 길은 그 군사력과 영향력이 아직 작을 때,

그들을 무력화시키는 것뿐이다."

그러나 미국 행정부는 아시아보다 유럽을 중시했다.

"영국, 서유럽, 지중해 일부 지역을 방어해야 한다.

그러지 않으면 소련에 맞설 근거지가 없어진다.

또한 엄청난 잠재적 힘을 적에게 넘겨주는 꼴이 된다."

– 미국 국무장관 애치슨

아시아인가, 유럽인가.

트루먼은 이미 유럽 중시 정책으로 기울어져 있었다. 2차 세계대
전의 영웅 아이젠하워가 북대서양조약기구NATO 최고사령관을 맡았다.
이 임무를 수락하며 아이젠하워는 다음과 같이 말했다.

"오늘 아침 제가 맡은 임무가 서방 세계에 평화와 안보,
그리고 안전을 가져오기를 진심으로 바라는 바입니다."

아이젠하워를 배웅하며 트루먼은 그에 대한 굳건한 신뢰를 보여주었다.

"저도 같은 생각입니다. 장군이 말한 대로 될 것입니다.
모든 미국인이 장군을 진심으로 지지하고 있으며,
이번 북대서양조약에 참여한
11개국 또한 당신을 지지할 것입니다.
잘 다녀오십시오. 행운을 빕니다."

그러면서 트루먼은 유럽에서의 미군 증강 계획을 발표했다.

"이제 한국에서 전쟁은 끝나야 한다고 생각합니다.
이는 우리 군인들의 귀중한 생명을 헛되지 않게 하고
미국의 안전을 지키기 위해서입니다. 또한 자유세계가
불필요한 3차 세계대전에 휩쓸리는 것을 막고자 함입니다."

맥아더의 운명도 달라졌다. 만주 폭격과 원자탄 사용을 건의하던 유엔군 사령관 맥아더는 1951년 4월 대통령 트루먼으로부터 해임 통보를 받았다. 맥아더는 유명한 "노병은 사라질 뿐"이라는 말을 남기며 군 생활에 작별을 고했다.

"노병은 죽지 않는다, 다만 서서히 사라질 뿐이다.

그 노래의 늙은 군인처럼 저의 군 생활은 이제 막을 내립니다.

자신의 임무를 알아볼 수 있도록 신이 빛을 주었듯

임무를 다하려고 노력했던 노병은 이렇게 사라집니다.

안녕히 계십시오."

맥아더를 해임한 데서 알 수 있듯이 미국은 한국전쟁에서 소련·중국과 전면적으로 맞붙을 생각이 없었다. 맥아더는 청문회에서 트루먼과 미국 정치가들이 '지지도 말고 이기지도 말라'는 식의 태도를 보여 너무나 혼란스럽고 당혹스러웠다고 털어놓았다.

전쟁은 새로운 국면을 맞았다. 전쟁은 어느 한편이 일방적인 승리
를 거두기 어렵게 전개되고 있었다.

전쟁은 1년 넘게 이어지고 있었다. 전쟁에 그대로 노출된 민간인들은
공포 속에서 지쳐갔다. 그들은 일상의 평화를 간절히 원하고 있었다.
유력한 선택지 중 하나는 휴전이었다.

미국과 중국은 휴전의 필요성에 공감했다. 1951년 7월 10일, 개성 내봉장에서 유엔군 대표와 공산 측 대표가 만났다. 정전협상의 시작이었다.

정전협상의 주요 의제는 군사분계선 설정, 포로 문제, 감독기구 구성 등이었다. 첫 번째 의제는 군사분계선 설정이었다. 당시 전선은 38선을 중심으로 형성되어 있었다. 유엔 측은 현 교전선을 분계선으로 제시했다. 반면 공산 측은 38도선을 주장했다. 협상은 결렬을 거듭했다.

양측은 전쟁 이전의 상태로 되돌리는 정전협상이 어렵지 않을 것이라고
생각했다. 그러나 결과적으로 정전협상은 2년이나 걸렸다. 본회담
160여 회 등 모두 760여 차례의 회의가 필요했다.

양측의 신경전 속에 협상은 두 달이나 중단되고 있었다.

미국은 협상에서 유리한 고지를 차지하기 위해 대규모 공세에 나섰다.
공격 목표는 후방 보급기지였다. 공산 측의 병참선 차단에 중점을 두고
미 공군기가 후방 기지와 전선 사이의 도로를 마비시키는 것을
목표로 폭격을 집중적으로 퍼부어댔다.

공중 폭격에 폭파되는 원산의 보급기지

공습에 폭파되는 열차와 기찻길

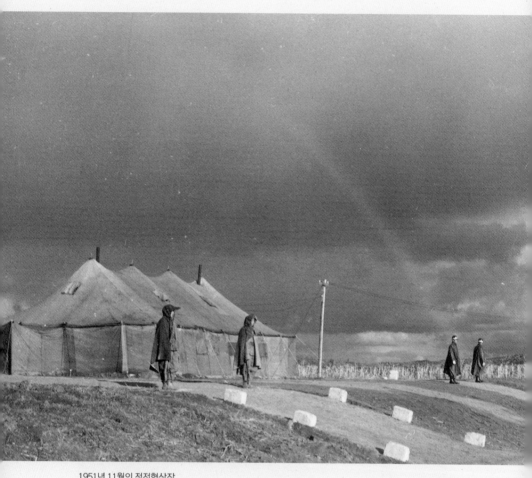

1951년 11월의 정전협상장

미국의 전략은 적중했다.
군사분계선 문제에서
공산 측의 양보를 이끌어낸 것이다.

김동길 | 베이징대학 교수 ——— 김일성이 언제 한국전쟁을 빨리 끝내야 겠다고 생각했을까요? 1951년 7월부터 9월까지 유엔군의 하계·추계 공습을 받은 게 컸습니다. 이 공습으로 북한이 쑥대밭이 됐어요. 군사분계선 문제가 정전협상의 가장 큰 장애물이었는데, 김일성이 38선을 더 이상 주장하지 않고 현 교전선을 군사분계선으로 한다는 유엔군 측 제안을 받아들이고 양보안을 내놓았습니다. 그래서 모든 대화가 순조롭게 끝나서 1952년 2월에는 포로 문제를 제외한 모든 협상이 끝났습니다. 포로 문제는 가장 쉬운 것이라고 봤습니다.

전쟁 포로 처리에 대한 제네바 협약이 이미 국제적으로 공인되어 있었기에 포로 교환 문제는 쉽게 타결될 것으로 양측은 예상했다. 하지만 예상은 빗나갔다.

미국은 일대일 교환 원칙을 고수했다. 반면 공산 측은 무조건 석방과 일괄 교환을 주장했다. 당시 공산 측이 제시한 유엔군 포로는 1만 1천여 명. 유엔 측은 13만이 넘는 공산군 포로를 수용하고 있었다.

국민당 출신의 중국군 포로들은 송환을 거부하고 중국으로 돌아가지 않겠다고 버텼다. 반공 포로와 친공 포로로 나뉜 공산 측 포로들은 치열하게 대립했다. 포로 교환 협상은 이념전, 심리전으로 변질되어갔다.

포로 문제의 양보는 진영의 패배로 받아들여지고 있었다.

해를 넘겨 협상이 진행됐으나 1952년 5월까지도 포로 협상은 좀처럼 진전되지 못했다.

포로 협상이 교착 상태에 빠지자 전선은 더욱 치열해졌다.
미군은 북한 지역에 대규모 공중 폭격을 감행했다. 폭격의 우선
순위는 북한의 비행장과 발전시설 등이었다. 1952년 6월부
터 시작된 폭격은 일주일간 지속되었다. 하루 평균 항공
기가 5백 대 동원되었다. 북한 산업시설이 대부분 파괴되었
고 평양, 원산, 신의주 등 대도시는 초토화되었다.

미군의 공중 폭격으로 초토화된 평양

김일성은 전쟁을 빨리 끝내고 싶어했다. 그러나 포로 문제에 대해 김일성과 마오쩌둥은 의견이 충돌했다.

> **김동길** | 베이징대학 교수 ⎯⎯⎯ 포로 문제가 아직 타결되지 않은 상태에서 마오쩌둥은 포로의 전원 송환을 요구한 반면 김일성은 유엔군이 주장하는 포로 송환 방법에 동의하고 전쟁을 일찍 종식시키자는 주장을 펼쳤습니다. 둘 사이에 격론이 펼쳐졌죠.

마오쩌둥은 왜 무리한 요구를 고수했을까? 그는 한국전쟁을 또 다른 계기로 삼으려 했다. 중국군 현대화 계획이 그것이었다. 한국전쟁을 통해 국가의 위신을 세우고 내부 혁명을 계속하기 위한 선택이었다.

> **주젠룽** | 도요가쿠엔대학 교수 ⎯⎯⎯ 마오쩌둥은 한국전쟁이 계속돼 소련으로부터 장비 지원을 받는다면 중국 군대 발전에 도움이 되는 동시에 최종적으로 타이완과 관련된 상황에도 유용하리라고 생각했습니다. 그래서 마오쩌둥은 이 전쟁을 계속 이어가고 싶어했습니다. 미국이 대륙을 침략하지 않을 것이 확실하기도 했고요.

포로 협상이 난항을 거듭한 것은 스탈린의 의중 때문이기도 했다. 그는
미군을 한반도에 묶어두려고 했다.

"이 전쟁으로 미국은 피가 거꾸로 솟을 것이다.
 북한은 인명 손실 외에는 잃을 것이 없다."

주젠룽 | 도요가쿠엔대학 교수　　스탈린은 한반도에 미국을 끌어들
이면 유럽에 대한 미국의 압력을 줄일 수 있으리라 생각했습니다. 마
오쩌둥과 스탈린이 출발점은 다르지만 둘 다 미국을 끌어들이고자
한 것이죠. 그래서 마오쩌둥과 스탈린은 포로 문제에 대해 절대 양보
하지 않고 미국과 끝까지 가겠다고 했습니다. 그것이 그들의 전략이
었죠. 그들은 이 점에서 전쟁을 빨리 끝내고 싶어하는 김일성과 달랐
습니다.

정전협상이 답보상태에 빠져 있는 동안,

전선에서는 치열한 고지전이 벌어졌다.

고지전은
유리한 정전협상을 위한
전투였다.

철원의 어느 고지에서 북쪽을 살펴보는 유엔군

강원도 철원의 오성산 일대는 1952년 10월에서 11월 사이에 격전이 벌어졌던 곳 중 하나로 중국 측에서 상감령이라 부르는 곳이었다. 오성산 지역에서 벌어진 저격 능선과 상감령 전투에서 미군과 한국군, 중국군 모두 숱한 사상자를 남겼다. 42일간의 이 전투는 고지전의 상징이 되었다.

"제인러셀 고지가

제가 처음으로 극렬한 전투를 경험한 곳입니다.

1952년 10월 18일이었죠.

저는 제인러셀 고지로 직행했습니다.

우리는 한쪽 경사면 쪽에 있었습니다.

그런데 바로 반대편에 중국군이 있었습니다.

그가 나를 보고 놀란 만큼 나도 그를 보고 놀랐습니다.

그가 나를 쳐다봤고 나도 그를 쳐다봤죠.

그 순간이 영원처럼 느껴졌습니다.

동료랑 제가 중국군이 있던 벙커를 부쉈습니다."

– 제임스 부처 (당시 미 7사단)

상감령 전투 당시 중국군은 전선에 깊은 동굴을 파고 전투에 대비했다.

"우리가 참호를 얼마나 팠냐면,
    지구 한 바퀴 반을 돌 정도였을 겁니다. 그만큼 많이 팠습니다.
    우리가 판 갱도의 길이는 대략 만리장성의 길이만큼
    될 거예요. 만리장성은 6700킬로미터 정도 될 겁니다."

– 니엥덴원 (당시 중국군)

"잠을 잘 못 잤습니다. 물도 없었어요.

동굴의 물 고이는 곳에 여럿이 혀를 대 조금씩 목을 축였습니다."

– 량창진 (당시 중국군)

미군은 우세한 화력을 앞세웠다. 그들은 파상적인 포격을 퍼부었고 중국군은 큰 타격을 입었다.

"엄청난 살육이 벌어졌습니다. 살육이요.
제인러셀 고지의 전투에서는요. 아직 불길이 있고
시신이 여기저기 널려 있고 쌓여 있었습니다.
중국군의 시신이 잘린 통나무처럼
길가를 따라 쌓여 있었죠."

– 어니스트 벤슨 (당시 미 7사단)

"수류탄을 대여섯 개 묶은 채로 던져서 폭파했죠.

적이 올라오면 던져서 폭파했습니다."

— 겅스취안 (당시 중국군)

"격렬한 게 아니라 잔인하고 혹독했습니다.
여름이었으면 아마 싸우지도 못했을 겁니다.
상감령 그 산골짜기가 온통 미군 시체와 연합군의 시체,
지원군의 시체였습니다."

– 량창진 (당시 중국군)

지루한 협상과 고지전을 끝낼
뜻밖의 계기가 찾아왔다.

1953년 3월, 스탈린이 사망한 것이다.

전쟁이 지속되길 원하던 스탈린이 사망하자 정전협상은 급물살을 탔다.
이제 정전협상은 최종 결정만 남았다. 새롭게 단장된 협상장은 협상 타
결에 대한 기대감을 높였다.

1953년 7월 27일,
유엔 측 대표와 공산 측 대표가
정전협정서에 서명했다.

정전협정서에 서명하는 유엔군 사령관 마크 클라크

"이것은 미래를 위한 고작 한 걸음입니다.
이 정전협정이 최대한 빨리 효력을 발휘해서
한반도의 문제를 해결하도록 해야 합니다."

– 유엔군 사령관 마크 클라크

그러나 정전협정 완결을 위해 1954년에 열린 제네바 회담에서는 전후 한반도에 관해서 어떤 선언이나 합의도 이끌어내지 못했다.

박태균 | 서울대 국제대학원 교수 ____ 전쟁이 어느 일방의 승리로 끝나지 않고 전쟁을 통해 진행됐던 갈등이 풀어지지 않은 상황에서 한반도에서 정전협정이 맺어진 거죠. 어느 일방의 승리로 끝났으면 전쟁의 책임 문제, 배상 문제, 이후 평화 체제를 어떻게 가져갈 것인가 등의 문제를, 이긴 쪽이 중심이 되어서 얘기해나갈 수 있었을 겁니다. 그런데 일방의 승리가 아닌 협정에 불과하기 때문에 이해관계의 충돌이 일어나는 겁니다. 그 안에서 남북만의 이해관계 충돌이 아니라 미국과 중국의 이해관계 충돌이 일어났습니다.

전쟁은 끝나지 않았다.

한반도에는 새로운 군사분계선이 등장했다. 정전협정 당시의 전선을
기준으로 한 경계선, 휴전선이었다.

임진강 하구부터 강원도 동해안까지 군사분계선 팻말이 모두 1292개
설치되었다. 양측은 군사분계선에서 각각 2킬로미터씩, 모두 4킬로미
터에 이르는 비무장지대 설치에도 합의했다.

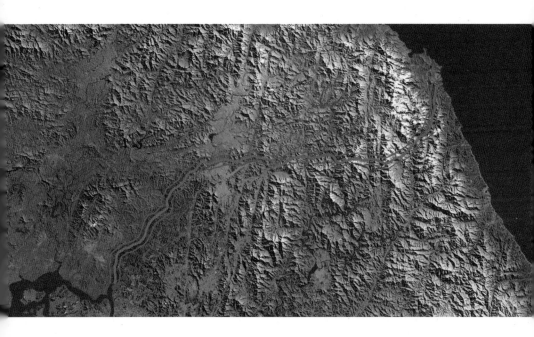

유엔 측과 공산 측은 군사분계선을 공동으로 관리했다. 정전협정 당시의 군사분계선이 분단선으로 고착되고 말았다.

길고 긴 대치의 시간이 시작되었다.

중국은 한반도에서 세계 최강 미국과 충돌했다. 중국군은 한국전쟁 참전으로 수많은 군사를 잃었고, 미국보다 뒤처진 무기와 전근대적 보급 체계로 힘겹게 전쟁을 이어갔다.

그러나 중국은 미국을 한국 문제에 대해 협상하도록 만들었고, 그 협상 테이블에서 중국 대표단을 미국 대표단과 동등하게 올려놓았다.

"서양 국가들이 해안선에
대포 대여섯 문 설치해놓는 것만으로
동양 국가를 정복할 수 있었던 시대는 영원히 사라졌다."

– 1953년 9월 12일 중국 인민지원군 총사령관 펑더화이

한국전쟁은 중국 내부에도 큰 영향을 끼쳤다.

정전협정서에 서명하는 중국 인민지원군 총사령관 펑더화이

주젠룽 | 도요가쿠엔대학 교수 ▶▶▶ 중국의 한국전쟁 참전은 몇십 년간 중국 발전 전략에 지대한 영향을 미쳤습니다. 중화인민공화국 성립 초기에는 자본주의와 함께 경제를 발전시킨 후 사회주의로 이행하려고 했습니다. 그런데 한국전쟁이 모든 것을 바꿔놓았습니다. 이후 문화대혁명에 이르기까지 중국의 발전은 전부 정치 문제였습니다. 모든 것이 정치적 상황에 따라 달라졌습니다. 경제는 정치에 밀려 뒷전이 됐죠.

스탈린의 뒤를 이은 흐루쇼프가 미국을 비롯한 서방과의 화해를 도모하면서 중·소 관계가 악화되었다. 마오쩌둥은 "미 제국주의는 종이호랑이에 불과하다"며 소련을 '수정주의'라고 비난했다. 그러자 소련은 중국에 제공하던 경제·기술 지원을 끊어버렸다.

이에 마오쩌둥은 1958년 중국의 경제 부흥을 위해 대약진운동을 펼쳤다. 마오쩌둥은 15년 안에 영국의 중공업을 따라잡겠다는 등 비현실적인 목표를 세우고 강력한 사회주의 국가를 세우고자 했다. 농공업 생산량 증대를 강력하게 밀어붙였지만 수많은 폐해를 남기고 대약진운동은 결국 실패했다.

대약진운동의 대표적인 실패 사례로 꼽히는 토법고로. 지역의 인민공사마다 설치되었던 간이 용광로다. 당국의 목표 생산량을 맞추기 위해 식기와 농기구 등 철로 된 모든 물건을 쏟아부어 철을 만들어냈지만, 정제되지 않은 이 결과물은 아무짝에도 쓸모가 없는 약한 선철이 되었다.

대약진운동이 실패한 후 류사오치와 덩샤오핑이 경제 조정 정책을 추진
했다. 이들의 노선은 흑묘백묘黑猫白猫론으로 대표된다. 즉, 하얀 고양이
든 검은 고양이든 쥐를 잡기만 하면 된다는 실용주의적 발상이다.

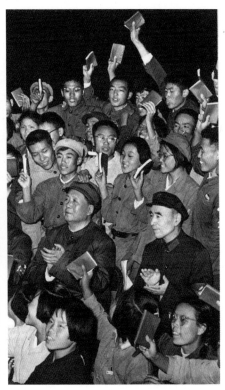

이들에 맞서 1966년 마오쩌둥은 중국이 소련과 같은 수정주의에 빠지거나 자본주의로 변질되는 것을 경계한다며 문화대혁명을 전개했다. 10~20대 홍위병들을 주축으로, 전근대적인 문화와 자본주의적이라고 여겨지는 모든 것을 공격·파괴한 문화대혁명은 중국 사회를 뒤흔들었다.

한국전쟁 후 중국은 경제보다 정치에 주력하고 있었다.

한국전쟁은 미국의 대외정책에도 큰 영향을 끼쳤다. 중국 봉쇄를 위한 아시아·태평양 전략이 필요했다. 결과적으로 미국은 한국에서 발을 뺄 수 없게 되었다.

정전협정 체결 이후 남측 비무장지대는 미군이 관리했다. 군사분계선은 북한과의 대치선일 뿐만 아니라 미국의 대중국·대소련 봉쇄의 최일선이었다.

오빌 셸 | 아시아 소사이어티 미중관계센터장　　한국전쟁은 한번 건너고 나면 되돌아갈 수 없는 루비콘강이었습니다. 1950년대 초 미군은 군사를 줄이고 타이완 사태도 그냥 둬서 마오쩌둥이 타이완을 공격해 장악하려고까지 했습니다. 그러다가 한국전쟁이 일어났죠. 이 전쟁이 다시 미국을 아시아로 불러들였습니다. 이후 모든 게 바뀌었습니다. 중국과 관계 회복을 할 수 있는 방법은 전혀 없었습니다. 중국이 한국전쟁에 개입하면서 미국과 중국은 서로에게 불변의 적이 되어버렸죠.

전쟁 후 북한은 군사력 증강에 나섰다. 병력을 늘리고 무기 현대화도 추진했다. 이는 무기 및 장비 증강을 금지한 정전협정 규정을 위반하는 것이었다. 정전체제는 불안정했다.

반면 미국은 한국전쟁 참전으로 급격히 늘어난 군사비를 줄이는 정책을 폈고, 이는 지상군의 철수로 이어졌다. 그렇지만 전력은 더 강화되었다. 주력 부대만 남겨두는 대신 핵무기를 한국에 보내기로 한 것이다.

윌리엄 스톡 | 조지아대학 명예교수 _____ 정전협정 체결이 확실시되면서 상당수의 미군을 한국에서 철수시키는 것이 논의됐습니다. 전원 철수가 아니라 5만~6만 명 정도 주력을 남겨두기로 하는 방안이었습니다. 그 대신 핵무기의 중요성을 증대시키고자 했습니다. 1957년 미국은 전술 핵무기를 한국에 보내기로 했죠.

1958년 한국에 들어온 전술 핵무기

북한의 군사력 증강에 맞서 미군은 외부로부터 한반도에 들어오는 무기를 일대일 교환한다는 조항을 무효화했다.

1958년 미국이 한반도에 배치한 전술 핵무기는 근거리 군사목표를 타격하는 무기였다. 미국은 한반도의 핵무기로 중국을 겨냥해 중국이 북한이나 동남아시아를 지원할 수 없게 만들었다.

윌리엄 스툭 | 조지아대학 명예교수 ——— 한 가지 흥미로운 점은, 1958년 한국에 배치된 미국의 전술 핵무기는 서해를 건너 중국 일부까지 다 다를 수 있었다는 겁니다. 이는 중국이 북한 또는 동남아시아를 지원하는 걸 억제할 수 있었습니다. 이제는 중국 본토를 공격할 수 있는 선택의 여지가 생겼기 때문입니다.

위기감을 느낀 중국은 핵무기 개발에 박차를 가했다. 중국은 자본도 부족하고 기술력도 전무했지만 1950년대 말 소련의 지원으로 핵무기 기술 도입을 시도했다. 그러나 중·소 관계가 악화되면서 자력으로 개발해야만 했다.

박태균 | 서울대 국제대학원 교수 ———— 서로 상승작용을 벌인다고 생각하는데요. 주한미군에 들여온 핵무기는 기본적으로 북한에 경고하는 차원에서 들어온 건데, 중국으로서는 굉장히 위기감을 갖게 되죠. 중국에서 너무나 가까운 한반도에 미국의 핵무기가 들어온다는 건 굉장한 위협이 되거든요.

중국은 대약진운동 실패 등 경제적인 어려움 속에서도 핵무기 개발에 매진했다. 핵 보유국을 향한 중국의 행보는 빨라지고 있었다.

1964년 10월,
드디어 중국이 핵실험에 성공했다.

중국은 순식간에 군사강대국 반열에 올랐다. 중국의 핵 개발은 미·중
관계뿐만 아니라 세계질서의 변화를 예고하는 것이었다.

박태균 | 서울대 국제대학원 교수 _____ 미국 입장에서는 중국이 핵을 가
지니까 동남아시아가 무서워지는 거예요. 중국이 만약에 그 힘을 동
남아시아로 더 확장한다면, 미국이 아시아에서 가장 중요하게 생각
하는 게 일본인데, 일본이 경제적으로 부흥하는 데 제일 중요한 배후
지가 될 수 있는 동남아시아를 잃을 수가 있거든요. 그래서 나온 이
야기가 도미노 이론입니다. 미국은 베트남이 무너지면 중국의 힘에
의해서 베트남이 공산화된 이후에 서쪽으로 확대되어 동남아시아
전체가 공산화되는 게 아닐까 우려할 수밖에 없었던 겁니다.

1960년, 베트남전쟁이 발발했다. 당시 베트남은 북위 17도선을 경계로 남북으로 분단된 상태였다. 북베트남은 중국의 지원을 받고 있었다. 미국은 공산주의 확산을 막기 위해 남베트남 지원에 나섰다.

"제 생에 세 번의 전쟁이 있었습니다.
두 번의 세계대전과 한국전쟁입니다.
미국인들은 머나먼 땅에 가서 자유를 위해 싸웠습니다.
우리는 끔찍하고 참혹한 희생을 통해
후퇴가 안전을 가져다주지 않고,
또 나약함이 평화를 가져다주지 않는다는 것을 깨달았습니다.
이 교훈이 우리를 베트남으로 보냈습니다."

– 미국 대통령 린든 존슨

윌리엄 스툭 | 조지아대학 명예교수 ──────── 1964년 미국에서는 베트남전쟁 개입 의견이 확대되고 있었습니다. 미국은 중국에 대한 두려움 때문에 베트남을 구해야 한다는 필요성을 강하게 느끼고 있었어요.

이 무렵 중국과 소련은 관계가 악화돼 있었는데 그 이유 중 하나는 이데올로기의 차이였습니다. 공산당 정부가 제3국에 얼마나 공격적으로 개입할지에 대한 입장이 달랐죠. 1950년대 중반 스탈린의 뒤를 이은 흐루쇼프 정권하에서는 제3국을 대상으로 좀 더 신중한 전략이 개발되었는데 중국 정부는 이 정책에 반대했습니다. 제3세계에서 혁명을 발전시키는 데도 중국이 소련보다 더 공격적이었습니다.

이 때문에 당시 미 국무장관 딘 러스크는 미국이 베트남에서 철수하면 가장 큰 이득을 보는 건 소련이 아닌 중국 공산당이라고 생각했습니다. 베트남에서 미국이 패배하면 중국이 제3국 혁명 전략을 더 공격적으로 펼치고 소련의 기반을 약화시키게 될 거라고 봤어요. 이러한 소련과 중국 사이의 이데올로기 분쟁이 미국을 베트남전쟁에 좀 더 개입하게 만들었습니다.

1964년 통킹만 사건을 빌미로 베트남전쟁에 개입한 미군은 고전을 면치 못했다. 전쟁 초기 18만여 명이었던 미군은 50여만 명으로 늘어났고, 남베트남 저항군의 주요 활동 무대인 밀림에 대한 공격뿐만 아니라 북베트남 주요 거점에 대한 공격에도 나섰다.

그러나 미 지상군은 17도선 이북으로는 진격하지 않았고, 중국 국경지역에 대한 폭격은 조심스러웠다. 중국의 개입을 우려했기 때문이다.

윌리엄 스툭 | 조지아대학 명예교수　　한국전쟁에서 배운 교훈이었습니다. 미국은 중국이 개입하길 원하지 않기 때문에 베트남 통일을 도울 수 없었습니다. 한국의 38도선처럼 베트남의 17도선을 넘지 않아야 한다고 봤죠. 공군이 아닌 지상군을 이용해 17도선을 지나면 중국이 개입할 가능성이 커진다고 생각했습니다.

베트남전쟁에서 미군 약 5만 8천 명이 전사했다. 1972년, 북베트남군은 대대적인 공세를 펼쳤다. 전쟁은 10년 넘게 이어지고 있었다.

북베트남

⊙하노이

통킹만

북위 17도

제네바 협정의 휴전선

남베트남

⊙호찌민(사이공)

북베트남의 지원을 받아 남베트남 및 미국과 전투를 벌인 '베트남공산주의자' 소속 군인들

1968년 '베트남공산주의자'의 명절 대공세로 파괴된 베트남 남부 호찌민 근교의 촐론

1968년 네덜란드 암스테르담에서 열린 반전 시위

한국전쟁 20년 후, 극심하게 대치하던 미국과 중국 사이에 변화가 생겼다. 1972년 미국 대통령 닉슨이 중국을 방문한 것이다. 베트남전쟁의 수렁에서 빠져나오고 싶었던 미국이 중국에 손을 내밀었고, 그동안의 고립에서 벗어나고자 했던 중국이 그 손을 잡았다. 양국은 다양한 분야에서 민간 교류를 확대하고 무역을 증진한다는 성명서를 발표했다.

1978년, 중국의 최고 지도자가 된 덩샤오핑은 더 과감한 선택을 했다. 개혁·개방 정책을 도입한 것이다. 덩샤오핑의 시도는 성공했고 중국을 고도성장국가로 이끌었다.

중국은 개혁·개방 정책의 성공으로 힘을 축적했다.

주젠룽 | 도요가쿠엔대학 교수　　중국은 한국전쟁 참전으로 인해 스스로를 봉쇄했습니다. 그 봉쇄를 풀기 위해 미국과 화해하려 했고 그때부터 중국이 진정한 개혁·개방의 길을 걷게 됐습니다. 이는 덩샤오핑 시대에 이르러 중국이 한국전쟁으로 인해 발생한 국내 외교 전략을 부정하게 되었다는 것을 의미합니다.

1972년 2월 21일, 미국 대통령 닉슨이 베이징 공항에 내려 저우언라이 중국 총리와 악수하고 있다.

마오쩌둥과 닉슨의 만남. 미국과 중국이 더 이상 대립하지 않는다는 상징적인 장면이었다.

회담 후 공동 성명을 발표하는 닉슨과 저우언라이

2013년, 중국 국가주석 시진핑은 새로운 구상을 발표했다. 이른 바 일대일로一帶一路, 현대판 실크로드를 구축해 중국과 유라시아 국가들을 경제벨트로 묶는다는 계획이다. 대륙 노선 3개, 해양 노선 2개 등 모두 5개 노선으로 추진하고 있는 일대일로에는 백여 개 국가가 관련되어 있다.

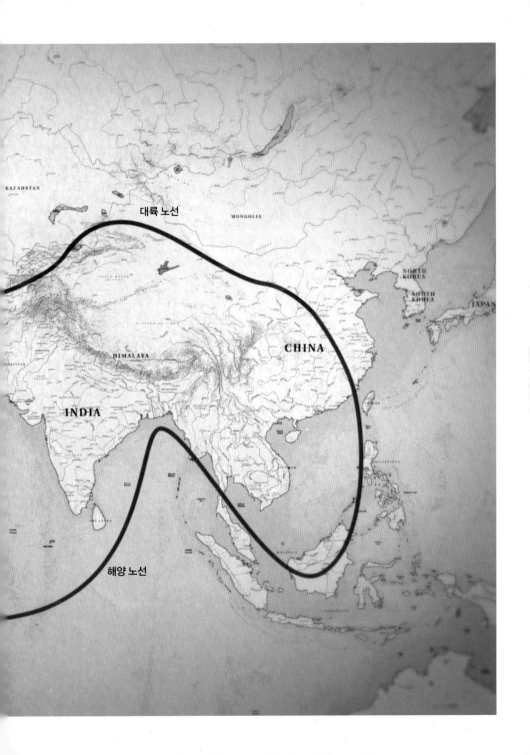

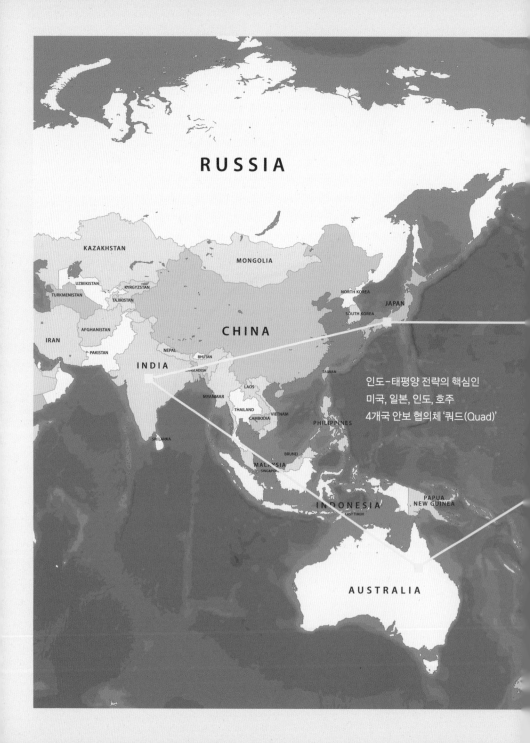

인도-태평양 전략의 핵심인
미국, 일본, 인도, 호주
4개국 안보 협의체 '쿼드(Quad)'

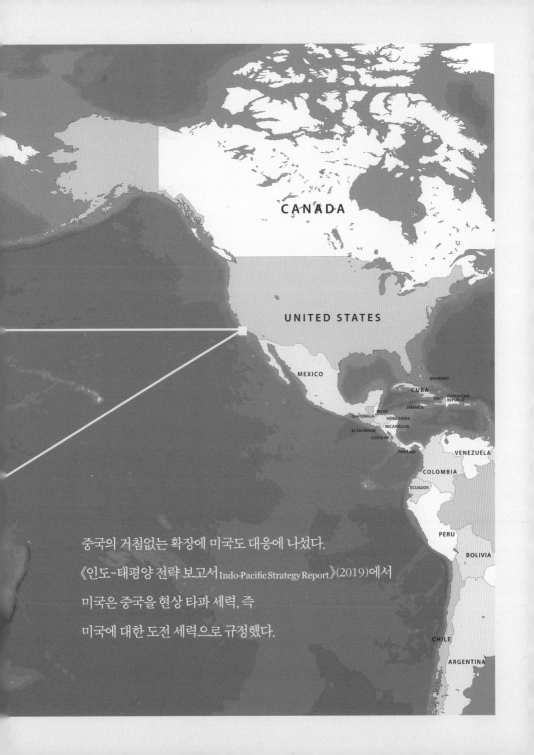

중국의 거침없는 확장에 미국도 대응에 나섰다.
《인도-태평양 전략 보고서 Indo-Pacific Strategy Report》(2019)에서
미국은 중국을 현상 타파 세력, 즉
미국에 대한 도전 세력으로 규정했다.

두 세력이 첨예하게 부딪치는 곳이 남중국해다.

중국은 필리핀, 베트남 등 주변 국가들의 반발에도 불구하고 인공섬을 설치하는 등 세력을 확장하고 있다. 그러나 태평양은 미국의 전통적인 세력권이었다. 이 지역에 대한 중국의 군사력 확대는 미국에 대한 강력한 도전으로 받아들여지고 있다.

태평양을 사이에 두고
미국과 중국의 피할 수 없는 대치가
진행되고 있는 것이다.

존 미어샤이머 | 시카고대학 교수 _____ 중국은 지역의 헤게모니가 되려

고 합니다. 중국은 아시아에서 가장 강력한 국가가 되고자 하며 미국

인들을 아시아에서 몰아내고자 합니다. 중국의 입장에선 완전히 이

해가 갑니다. 제가 중국의 의사결정자라도 지역의 헤게모니가 되고

자 할 겁니다.

문제는 미국의 입장입니다. 미국으로선 용납할 수가 없는 겁니다. 미

국은 자신들이 서양 쪽을 지배하는 것과 같이 중국이 아시아를 지배

하는 것을 원치 않습니다.

미국과 중국, 두 강대국의 대치는 무역 갈등을 넘어 이데올로기와 체제
경쟁으로 확산되고 있다. 중국은 미국이 중국을 차별하고 배척하면서
중국의 권리를 위협한다고 여긴다. 서로에 대한 불신이 쌓여가고 있는
것이다. 두 나라의 대립은 신냉전을 방불케 한다.

스원홍 | 런민대학 교수 _____ 중국은 미국의 이데올로기가 중국을 차별, 배척하고 중국 공산당과 공산당 지도자들의 전복을 도모한다고 여기고 있습니다. 게다가 미국은 제국주의적인 이데올로기로 중국이 응당 가져야 하는 전략적 권리를 가지지 못하도록 완강하게 막고 있습니다.

오빌 셸 | 아시아 소사이어티 미중관계센터장 _____ 미국과 중국은 매우 다른 정치 제도와 가치를 가지고 있습니다. 경쟁에서 이기는 것은 중국식 통제 형태일까요, 아니면 열린 민주주의 형태일까요? 지금 상황은 매우 고조되어 있습니다. 무역 갈등을 넘어 이데올로기 갈등까지 가고 있습니다. 그래서 사람들이 두 번째 냉전이 시작된다고 말하는 겁니다.

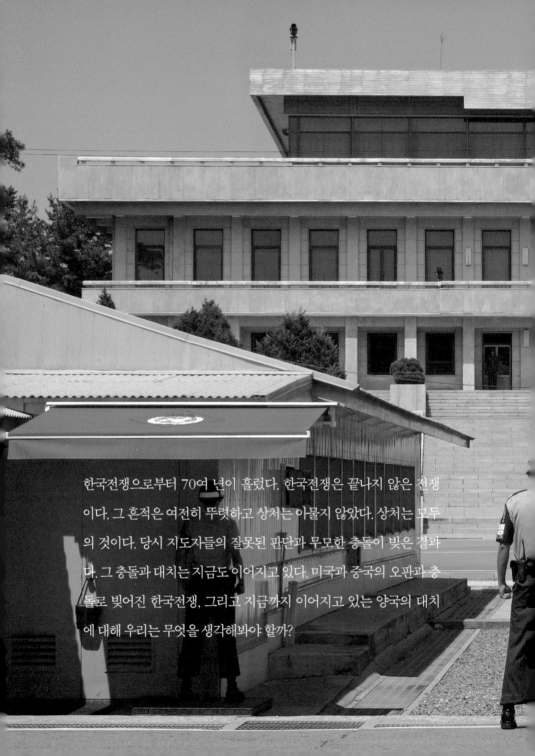

한국전쟁으로부터 70여 년이 흘렀다. 한국전쟁은 끝나지 않은 전쟁이다. 그 흔적은 여전히 뚜렷하고 상처는 아물지 않았다. 상처는 모두의 것이다. 당시 지도자들의 잘못된 판단과 무모한 충돌이 빚은 결과다. 그 충돌과 대치는 지금도 이어지고 있다. 미국과 중국의 오판과 충돌로 빚어진 한국전쟁, 그리고 지금까지 이어지고 있는 양국의 대치에 대해 우리는 무엇을 생각해봐야 할까?

박태균 | 서울대 국제대학원 교수

70년 전에 했던 잘못된 판단, 잘못된 계산이 결국은 어떤 비극을 가져왔는가, 이후에 세계사적으로 어떤 영향을 미쳤는가를 고민하고 교훈을 얻어야겠죠. 그 판단은 과연 옳았는가를 계속 되새겨봐야 합니다. 현재의 미국과 중국, 또 두 나라와 서로 연결되어 있는 국가 지도자들이 어떤 판단을 하는지에 따라 향후 50년, 100년의 미래가 달라질 거라고 생각합니다.

오판과 충돌, 그리고 70년의 대치와 갈등.
전쟁을 다시 말하는 것은 그 반대편 언덕,
평화로 가기 위해서다.

전쟁의 유산.
역설적이게도 그것은 평화다.

미중전쟁이라는 시각에서 본 한국전쟁

박태균 | 서울대 국제대학원 교수

한국전쟁은 내전인가, 국제전인가

한국인들에게 한국전쟁은 남한과 북한 간의 내전이다. 그러한 관점에서 보면 한국전쟁의 과정은 다음과 같이 정리된다. '1950년 6월 25일 북한의 기습남침으로 시작된 전쟁이 낙동강 전선까지 치달았고, 인천상륙작전 직후에는 38선을 넘어 북진이 시작되었다. 한국군은 압록강에 이르렀지만, 중국군의 참전으로 인해 1·4 후퇴를 할 수밖에 없었다. 이후 치열한 고지전을 벌였고, 공산군의 반격을 막아낸 결과 군사분계선을 중심으로 남과 북이 갈라진 후 70년이 넘도록 분단 상황이 지속되고 있다.'

전쟁 과정뿐만 아니라 전쟁의 기원과 결과에 대한 기억도 크게 다르지 않다. '전쟁이 시작하는 시점에 남과 북에는 외국 군대가 없었고, 북쪽의 조선민주주의인민공화국이 시작한 전쟁을 남쪽의 대한민국이 막아냈다. 비록 유엔과 중국이 참전했지만, 남한과 북한은 실제로 전쟁을 수행하면서 전쟁의 재앙, 그리고 분단의 모순과 아픔을 고스란히 견뎌야 했다.' 이는 물론 잘못된 기억이 아니다.

그러나 미국과 중국이 바라보는 한국전쟁은 다르다. 미국에게 한국전쟁은 공산화된 중국과 치른 첫 번째 전쟁이었다. 중국 역시 혁명 후 처음으로 미국과 맞선 전쟁이었다. 그렇기에 2020년 중국에서는 항미원조전쟁 승리 70주년 기념식이 열렸다. 북한의 김정은 국무위원장은 한국전쟁에 참전했다가 사망한 마오쩌둥의 아들 마오안잉의 묘소에 참배했다.

한국전쟁의 초반은 한반도의 내전이었지만, 전쟁이 발발한 지 3일 만에 유엔군이 참전하면서 이 전쟁은 국제전이 되었다. 1950년 7월 한국군의 작전통제권은 유엔군에게 이관되었다. 유엔군이 38선 이북으로 넘어간 이후 중국군이 참전했다. 인천상륙작전 이후 북한군은 괴멸 상태였기 때문에 중국군이 공산군의 주도권을 장악했다. 전쟁의 무대가 한반도였을 뿐 실제 전쟁은 미국과 중국이라는 두 강대국에 의해 진행되었던 것이다.

미군과 중국군이 없었다면 전쟁은 몇 개월 안에 끝났을 것이다. 미군이 없었다면, 북한은 3개월 이내에 한반도 전역을 장악했을 것이다. 중국군이 없었다면, 맥아더가 장담했듯이 1950년 크리스마스 전에 한국군과 미군이 북한 전역을 장악했을 것이다. 미군과 중국군은 이처럼 짧게는 3개월, 길어도 6개월이면 끝났어야 할 전쟁 기간을 3년으로 연장했다.

이러한 결과는 스탈린이 바라던 바였다. 그는 미국과 중국을 아시아의 한구석에 위치한 한반도에 잡아두고 싶어했다. 재기하는 것조차 불투명할 정도로 큰 피해를 입은 북한은 자기들이 일으킨 이 전쟁이 빨리 끝나기를 바랐지만, 스탈린의 생각은 그렇지 않았다. 어떻게든 미국을 오랫동안 한반도에 잡아놓아야만 소련이 유럽에서 우위를 점할 수 있다고 생각했다. 미국도 한번 발을 들인 전쟁으로부터 쉽게 빠져나갈 수 없었다. 베트남에서처럼 '명예로운 철수'가 필요했다.

이렇게 보면 한국전쟁은 19세기 말의 청일전쟁이나 20세기 초의 러일전쟁과 크게 다르지 않다고 할 수 있다. 전쟁터는 한반도였지만, 실제 그 전쟁을 주도한 것은 한반도의 주민들이 아니라 한반도를 발판으로 그 지역의 주도권을 빼앗기지 않으려 했던 강대국들이었다. 그들은 한반도에서의 주도권을 확보해 대륙과 해양 진출을 위한 교두보를 확보하려고 했다.

참혹했던 전투

길어도 6개월이면 끝났어야 할 전쟁이 강대국들로 인해 3년이나 계속되면서 너무나 참혹한 전투가 이어졌다. 중국군이 참전하면서 더 많은 사상자가 발생했다. 미국과 중국은 모두 연인원 100만 명이 넘는 병력을 한반도에 파병했고, 그 규모만큼 너무나 많은 피를 흘려야만 했다.

　미군이 처음으로 중국군에게 패했던 군우리 전투를 비롯해 장진호, 덕동고개, 하갈우리 등 1950년 11~12월 한반도 북부 산간지역에서의 전투는 미군에게 악몽이었다. 중국군의 전술은 단순한 인해전술이 아니었다. 중국군은 1945년부터 1949년까지 중국 내전 기간 동안 익혔던 산악전술을 이용해 미군에게 큰 피해를 안겼다. 산악지형에 익숙하지 않았던 미군에게 중국군의 전술은 치명적이었다.

　양측의 군인들을 죽인 것은 총과 수류탄만이 아니었다. 1950년 12월의 추위는 총만큼 무서웠다. 한국전쟁에 관한 수많은 책 중에서도 제목이 가장 인상적인 책은 《가장 추운 겨울The Coldest Winter》이다. 2차 세계대전 당시의 모스크바 전투, 스탈린그라드 전투와 함께 장진호 전투는 세계 3대 동계전투로 꼽힌다.

　동사한 시신들은 참혹했다. 미 해병 1사단 출신 로요 민차카는 중국군 진영에서 본 광경이 아직도 눈에 선하다.

"해가 뜨기 시작할 즈음 중국군이 다 사라졌습니다. 중국군이 있던 장소에 가보니 시체가 60구 이상 널려 있었습니다. 상상할 수 있는 모든 기괴한 자세로요. 몇 분 사이에 딱딱하게 언 거예요."

미 해병 1사단이던 제임스 졸리는 시신이 얼마나 많았는지 구체적으로 기억하고 있다.

"고토리에서 100구 정도를 묻었습니다. 그 시신들을 다 미국으로 데려올 수 있었는지는 모르겠습니다. 우리가 철수하기로 했던 날 밤은 영하 40도가 넘었습니다."

중국군도 주린 배를 움켜쥐고 혹독한 추위를 견뎌야 했다. 당시 중국군으로 참전했던 위중원과 김윤익은 얼어 죽은 병사와 굶어 죽은 병사가 난무했던 당시 상황을 이렇게 회고한다.

"오늘밤 저녁을 먹지만 내일 아침에 또 무슨 일이 생길지 아무도 알 수 없었습니다. 오늘 아침을 먹지만 오후에 무슨 일이 생길지 아무도 장담 못 하는 겁니다."

"아침에 점호하면 나오는 사람이 몇 없었습니다. 부대가 다 어디 갔
는지 검사하면 거의 다 엎드린 채로 얼어 죽어 있었습니다. 장진호
에서 그때 죽은 사람은 거의 추워서 죽거나 먹지 못해 죽은 경우가
많았습니다. 전투로 죽은 경우는 얼마 안 됩니다."

영화 〈고지전〉(2011)으로 유명해진 1951년부터 1953년 사이 38선
과 현재의 군사분계선 사이에서 벌어진 전투들은 또 다른 비극의 현장
이었다. 작은 지형 속에 수많은 군인이 얽혀 있었다. 산악지형에 작전 반
경이 작다 보니 더 많은 피해자가 나올 수밖에 없었다. 그 현장에는 한국
인뿐만 아니라 많은 미국인과 중국인, 그리고 유엔군에 참전했던 외국
인이 있었다.

상감령 전투 당시 중국군은 전선에 깊은 동굴을 파고 전투에 대비했
다. 중국군으로 참전했던 니엥덴윈은 동굴을 얼마나 길게 팠는지를 다
음과 같이 말했다.

"우리가 참호를 얼마나 팠냐면, 지구 한 바퀴 반을 돌 정도였을 겁니
다. 그만큼 많이 팠습니다. 우리가 판 갱도의 길이는 대략 만리장성
의 길이만큼 될 거예요. 만리장성은 6700킬로미터 정도 될 겁니다."

그 정도로 동굴을 길게 팠다면 군사들이 얼마나 고생했을까. 중국군이던 량창진에게 실감 나는 이야기를 들을 수 있었다.

"잠을 잘 못 잤습니다. 물도 없었어요. 동굴의 물 고이는 곳에 여럿이 혀를 대 조금씩 목을 축였습니다."

미군은 우세한 화력을 앞세웠다. 그들은 파상적인 포격을 퍼부었고 중국군은 큰 타격을 입었다. 미 7사단이었던 어니스트 벤슨은 '살육'이라고 표현했다.

"엄청난 살육이 벌어졌습니다. 살육이요. 제인러셀 고지의 전투에서는요. 아직 불길이 있고 시신이 여기저기 널려 있고 쌓여 있었습니다. 중국군의 시신이 잘린 통나무처럼 길가를 따라 쌓여 있었죠."

오성산 지역에서 벌어진 저격 능선과 상감령 전투에서 미군과 한국군, 중국군 모두 숱한 사상자를 남겼다. 42일간의 이 전투는 고지전의 상징이 되었다. 시체로 뒤덮였던 그 전장의 처절함은 중국군으로 참전했던 량창진의 증언 속에 되살아난다.

"상감령에서 40여 일을 싸웠습니다. 격렬한 게 아니라 잔인하고 혹
독했습니다. 여름이었으면 아마 싸우지도 못했을 겁니다. 상감령
그 산골짜기가 온통 미군 시체와 연합군의 시체, 지원군의 시체였
습니다."

그래도 전투는 계속되었다. 전쟁을 중지하기 위한 협상이 진행되는
와중에도 더 많은 사상자와 피해자가 발생했다. 아마도 고지전에서 죽
어간 병사들이 진정으로 하고 싶었던 말은 이것이 아니었을까? "협상이
전쟁 중지를 위한 것이라면, 전투를 멈춰야 하는 것 아닌가?"

오산과 오판

이렇게 큰 희생을 치러야 할 정도로 한반도의 가치가 큰 것이었을까? 혹
은 한반도라는 특정 지역의 지정학적 가치보다는 자유와 민주주의라고
하는 인류 보편적인 가치를 위해 희생을 한 것인가?

이 전쟁은 당시 한반도의 가치에 대한 평가를 비롯해 오산과 오판이
점철된 전쟁이었다. 전쟁이 시작되는 시점에서 공산주의 지도자들은 미
군의 참전 여부에 대해 오판했다. 그들의 예상과는 달리 개전 후 3일 만
에 미국은 참전을 결정했다. 미군의 참전에도 불구하고 북한군이 초기
전선을 장악했지만, 전세는 곧 역전되었다.

중국군의 참전 여부에 대한 맥아더의 판단 역시 재앙을 초래한 오판이었다. 크리스마스에는 전쟁을 끝내고 고향 집으로 돌아가기를 꿈꾸던 미군들은 집이 아니라 하늘나라에서, 그리고 참혹한 포로수용소에서 크리스마스를 보내야만 했다. 물론 맥아더의 판단은 오판이 아니었을 가능성도 있다. 어쩌면 만주를 공격해 중국과의 전면전을 벌이고 이를 통해 아시아에서 공산주의자들의 씨를 말려버리기 위해 중국군을 유인했는지도 모른다. 하지만 그렇게 되었다고 하더라도 만주에서 싸우는 미군의 승리를 보장할 수는 없었을 것이다.

협상을 2년간 끌면서 조금이라도 더 유리한 고지를 차지하려던 미군의 판단도 잘못된 것이었다. 미군은 고지전과 폭격을 통해 공산군에게 압박을 가하면 그들로부터 많은 양보를 얻어낼 것이라고 판단했다. 그리고 많은 양보를 받아냈다고 평가했다. 그러나 포로 교환 문제에 있어서 미국 측의 입장을 받아들여야 한다는 김일성의 생각을 읽지는 못했다. 굳이 2년이라는 기간 동안 고지에서 수많은 젊은이가 목숨을 잃지 않더라도 포로에 관한 조항은 미국이 원하는 대로 진행되었을 것이다.

정전협정은 짧게는 3개월, 길어도 1년이면 그 수명을 다할 것이라고 판단되었다. 그래서 미국과 중국은 외부로부터 더 수준 높은 무기가 한반도로 들어오는 것을 금지하는 조항을 협정문에 넣었다. 그러나 1년이 지나고 2년이 지나도 정전협정은 평화협정으로 전환되지 않았다. 어느 일방의 승리로 끝나지 않은 전쟁에서 정전협정을 평화협정으로 전환하기란 결코 쉽지 않았다. 누구도 자신들의 이해관계로부터 양보하기를 원하지 않았기 때문이다.

오산과 오판은 베트남전쟁에서도 계속된다. 미국 대통령 린든 존슨은 베트남에 파병하며 다음과 같이 말했다.

"제 생에 세 번의 전쟁이 있었습니다. 두 번의 세계대전과 한국전쟁입니다. 미국인들은 머나먼 땅에 가서 자유를 위해 싸웠습니다. 우리는 끔찍하고 참혹한 희생을 통해 후퇴가 안전을 가져다주지 않고, 또 나약함이 평화를 가져다주지 않는다는 것을 깨달았습니다. 이 교훈이 우리를 베트남으로 보냈습니다."

미국은 한국전쟁에서 힘을 얻은 중국이 동남아시아로 영향권을 넓혀갈 것이라고 생각했다. 중국은 1964년 핵실험을 했고, 바로 그해에 미국 정부는 베트남에서의 전투를 시작했다. 그러나 미국은 중국과 베트남이 결코 가까워질 수 없는 사이임을 간파하지 못했다. 베트남이 통일된 지 5년도 되지 않은 1979년 중국은 베트남을 공격했다. 그리고 둘 사이의 관계는 지금도 그다지 원만하지 않다. 베트남 사람들은 중국이 베트남을 집어삼킬까 걱정하고 있고, 중국 사람들은 베트남이 미국의 남중국해 정책에 동참할까 우려하고 있다. 수많은 미군이, 그리고 한국군이 베트남의 정글에서 죽지 않았더라도 베트남은 중국의 영향권 아래 들어가지 않았을 것이다. 이미 베트남전쟁 이전 천 년이 넘는 역사가 양국 간의 관계를 규정하고 있었다. 미국이 잘못 판단하고 있었을 뿐.

일대일로와 인도-태평양 전략

한국전쟁에서 처음 시작된 미국과 중국 간의 전쟁은 지금도 계속되고 있다. 중국의 일대일로와 인도-태평양 정책이 서로 대립하고 있다. 전투가 진행되지 않을 뿐 이 갈등은 경제 영역에서뿐만 아니라 안보 영역에서도 계속되고 있다.

미국의 입장에서 볼 때 중국의 일대일로는 미국의 세계전략에 대한 직접적인 도전이다. 미국은 대륙과 떨어져 있기 때문에 직접적으로 경제를 연결하는 것이 불가능했다. 따라서 국제통화기금IMF이나 세계은행World Bank, 그리고 '관세와 무역에 관한 일반 협정'GATT과 세계무역기구WTO를 통해 규율을 만들었다. 미국이 중심이 되는 자유시장질서를 유지하기 위한 규율이었다. 이 규율을 받아들이는 국가들만이 미국 중심의 무역 체계 내에 들어올 수 있도록 했고, 이는 미국이 세계 경제질서를 움직이는 기본적인 규범이 되었다.

중국은 달랐다. 대륙에 위치한 중국은 북쪽으로는 러시아, 서쪽으로는 중앙아시아를 거쳐 유럽, 남쪽으로는 동남아시아와 남아시아에 연결할 수 있는 위치에 자리 잡고 있다. 1978년 개혁·개방 이후 고속 성장을 계속해온 중국은 규율이 아니라 대륙의 곳곳을 직접적으로 연결하는 방식을 채택했다. 일대일로가 바로 그것이다. 규율을 넘어서 철도와 고속도로로 유통망을 연결하고, 연결된 국가에 대해 투자를 보장하는 중국의 일대일로 전략은 2000년대 이후 경제적으로 어려움을 겪고 있는 국가들에게는 단비와 같은 것이었다. 중국 혁명 70주년을 맞은 2019년 중국은 일대일로를 기념하는 거대한 규모의 회의를 잇달아 개최했고, 여기에는 아시아 국가들뿐만 아니라 미국의 앞마당이자 파트너인 유럽 국가들의 지도자들까지 참석했다. 미국에게는 직접적인 도전이 아닐 수 없다.

이러한 상황에서 미국과 중국은 무역과 안보 면에서 갈등을 거듭하고 있다. 바이든 대통령은 트럼프 행정부 시기 잘못된 정책들을 바로잡기 위한 '더 나은 재건build back better' 정책을 천명했지만, 중국에 대한 정책에서는 트럼프 행정부와 크게 다르지 않은 정책을 지속하고 있다. 미국 사회 역시 트럼프 행정부에 대한 부정적 여론이 우세하지만, 중국에 대한 정책에 대해서는 나쁘지 않은 평가를 내리고 있다. 미중 갈등은 상당 기간 계속될 것으로 보이며, 미중 갈등의 양상에 따라 세계 경제가 출렁일 것으로 예상된다. 미중 갈등의 한가운데 위치한 한국이 미중전쟁의 또 다른 전쟁터가 될 가능성도 배제할 수 없는 상황이다. 70년 전에 있었던 미중전쟁이 또 다시 한반도에서 재현될 것인가?

70년 전 오산과 오판이 한반도 전체를 재앙으로 몰고 갔다. 혹시 지금도 오산과 오판이 진행되고 있는 것은 아닐까? 미국과 중국이 협력했던 1990년대에 세계 경제는 전례 없는 호황을 경험했다. 1990년대의 호황을 다시 꿈꾸며 미국과 중국의 협력을 바라기에는, 중국이 너무 성장했고 미국의 경제위기가 너무 심각한 것인가? 한국의 지도자들과 전문가들은 이러한 상황에서 어떠한 판단과 결정을 내려야 할까?

손에 무기를 든 전쟁은 아니지만, 지금 강대국 간의 또 다른 전쟁이 한반도와 그 주변에서 진행되고 있다. 우리는 이 전쟁과 갈등을 어떻게 헤쳐 나가야 할까? 70년 전에 있었던 미중전쟁의 경험이 우리에게 어떤 교훈을 줄 수 있을까? 한국전쟁을 미중전쟁의 관점에서 바라보면서 그 원인을 오산과 오판의 관점에서 바라본 것은, 현재 진행되고 있는 또 다른 미중전쟁을 슬기롭게 헤쳐 나갈 수 있는 교훈을 얻기 위해서다.

지나간 역사에서 올바른 교훈을 얻지 못한 미국이 베트남전쟁을 겪었듯이 70년 전 한반도에서 진행된 전쟁으로부터 교훈을 제대로 얻지 못한다면 한반도는 또 다른 전쟁터가 될 것이다. 총칼을 들어야만 전쟁을 하는 것이 아니다. 경제 전쟁은 총칼보다도 더 큰 대가를 요구할 수 있다. 지난 70년간 전쟁과 분단의 위기를 딛고 성장해온 한국이라는 성이 무너질 수도 있다.

　이 책과 이 책의 모본이 된 다큐멘터리는 이러한 문제의식 속에서 시작되었다. 한반도 안에 갇혀 있는 인식의 틀을 전 세계적 범위로 확대함으로써 한반도의 상황을 세계사적 시각에서 보고자 한 것이다. 그리고 이를 단순히 구조적인 필연이 아니라 인간의 잘못된 판단으로 인한 재앙이라는 시각에서 재구성해보고자 했다. 제대로 된 교훈을 통해 또 다른 오판과 오산에 의한 전쟁이 재현되지 않기를 기대해본다.

참고 자료

단행본

국방부 군사편찬연구소,《6·25전쟁사 1~11》, 국방부 군사편찬연구소, 2004~2013.

국방부 전사편찬위원회,《한국전쟁전투사 청천강 전투》, 국방부 전사편찬위원회, 1985.

김동춘,《대한민국은 왜?: 1945~2020》, 사계절, 2020.

김인걸 외 편저,《한국현대사 강의》, 돌베개, 1998.

데이비드 헬버스탬,《콜디스트 윈터: 한국전쟁의 감추어진 역사》, 살림, 2009.

박태균,《한국전쟁: 끝나지 않은 전쟁, 끝나야 할 전쟁》, 책과함께, 2005.

박태균,《우방과 제국, 한미관계의 두 신화: 8·15에서 5·18까지》, 창비, 2006.

세르게이 곤차로프·존 루이스·쉬리타이, 성균관대학 한국현대사 연구반 옮김,《흔들리는 동맹: 스탈린과 마오쩌둥 그리고 한국전쟁》, 일조각, 2011.

신복룡,《인물로 보는 해방정국의 풍경》, 지식산업사, 2017.

윌리엄 스툭, 김남균 외 옮김,《한국전쟁의 국제사》, 푸른역사, 2001.

이상일 외,《국사편찬위원회 수집 미국 NARA 자료 편람》, 국사편찬위원회, 2014.

정병준,《한국전쟁: 38선 충돌과 전쟁의 형성》, 돌베개, 2006.

정용욱,《해방 전후 미국의 대한정책》, 서울대학교출판부, 2003.

주장환,《중국의 변화를 이끈 인물들: 근·현·당대》, 문, 2011.

중국 군사과학원 군사역사연구부, 국방부 군사편찬연구소 옮김,《중국군의 한국전쟁사 1~3》, 국방부 군사편찬연구소, 2002~2005.

한국사연구회 편, 《새로운 한국사 길잡이 下》, 지식산업사, 2008.

행정자치부 정부기록보존소, 《한국전쟁과 중국》, 행정자치부 정부기록보존소, 2002.

홍학지, 홍인표 옮김, 《중국이 본 한국전쟁: 중국인민지원군 부사령관 홍학지의 전쟁 회고록》, 한국학술정보, 2008.

A. V. 토르쿠노프, 구종서 옮김, 《한국전쟁의 진실과 수수께끼》, 에디터, 2003.

朱建榮, 《毛澤東の韓國戰爭》, 岩波書店, 2014.

Richard W. Stewart. *Staff Operations: The X Corps in Korea December 1950*. Combat Studies Institute. 1991.

Roy E. Appleman. *South to the Naktong, North to the Yalu*. Office of the Chief of Military History Department of the Army. 1961.

글

김동길, 〈중국의 한국전쟁 참전원인 연구: "국방선(國防線)"의 무혈확장〉, 《한국정치 외교사논총》 37-2, 2016.

남정옥, 〈6·25전쟁시 미국 지상군의 한반도 전개방침과 특징〉, 《군사》 72, 2009.

박인규, 〈'위기를 팝니다' 미국의 '죽음 행상꾼'들〉, 《프레시안》, 2019. 9. 12.

박태균, 〈남베트남 패망 40년, 베트남전쟁과 한국〉, 《역사비평》 111, 2015.

박태균, 〈정전협정과 종전선언〉, 《역사비평》 123, 2018.

이주천, 〈앨저 히스(Alger Hiss) 간첩사건에 대한 연구사적 검토: 전통주의자의 입장 에서〉, 《미국사연구》 22, 2005.

정욱식, 〈한국전쟁, 트루먼과 스탈린의 '핵' 오판이 만나다〉, 《프레시안》 2012. 2. 1.

최윤철,〈한국전쟁 중 중국군 참전에 대한 북·중·소 지도자의 협력과 갈등〉,《군사연구》141, 2016.

Doyle, James H. and Arthur J. Mayer. "December 1950 at Hungnam". *Proceedings*. vol. 105/4/914. April 1979.

"McArthur Says Fall of China Imperils U.S.". *Life*. December 1948.

문서

외교부 편역,〈한국전쟁 관련 소련 극비외교문서〉.

Humphrey, David C., Ronald D. Landa and Louis J. Smith (eds.). "Foreign Relations of the United States, 1964-1968, Volume II, Vietnam, January-June 1965". United States Government Printing Office. 1996.

Macarthur, Douglas. "Macarthur to Richardson" (1951). Macarthur Library.

"OFFTACKLE". NARA, RG 407 NM3 E. 429 AG Command Reports 1949-54, RG 218 UD E. 7 Geographic File -USSR 1948-1950, Box 77 Joint Outline Long Range War Plan.

"Possible Employment of Atomic Bombs in Korea" (JCS 2173, 1950. 11. 20). NARA, RG 341, Records of the Headquarters U.S. Air Force(Air Staff) Plans Decimal File 1942-1954, Korea, Headquarters U.S. Air Force, E. 335, Box 906.

Stalin, Joseph. "Letter from Filipov (Stalin) to Soviet Ambassador in Prague, conveying message to CSSR leader Klement Gottwald" (August 27, 1950). РГАСПИ, ф.558, оп.11, д.334, л.105-106, T6019, c.104-105.

도판 출처

KBS 21, 24, 26, 55, 69, 74, 84, 111, 130~138, 149~164, 182, 206, 232, 247, 270, 274

미국 국립문서기록보관청 National Archives and Records Administration, NARA 16, 18, 22, 37, 38, 43~46, 76~82, 88~94, 98~100, 116, 118, 126, 129, 142, 144, 147, 148, 169~175, 178, 181, 184~205, 208, 212, 215~222, 226, 230, 236, 238, 242~246, 256, 264, 267~269

chineseposters.net 33

《라이프Life》1948년 12월호 41

AP통신 64

UN 66

눈빛아카이브 사진, 이규상 엮음,《끝나지 않은 전쟁 6·25》(눈빛, 2020) 96, 225

중국 항미원조기념관 102

Wilson Center 105

셔터스톡 108, 276, 278

《조선일보》1950년 12월 2일자 143

중국 해방군화보사, 노동환 옮김,《그들이 본 한국전쟁 1》(눈빛, 2005) 166, 176, 234, 235

Macarthur Library 210

alamy 240

张青云,《中國攝影藝術選集》(1959) 251

Eric Koch / Anefo 265

KBS 특별기획 다큐멘터리

1950 미중전쟁

한국전쟁, 양강 구도의 전초전

1판 1쇄 2021년 6월 25일
1판 2쇄 2023년 7월 5일

지은이 | KBS 다큐 인사이트〈미중전쟁〉제작팀

펴낸이 | 류종필
편집 | 이정우, 이은진, 권준
경영지원 | 김유리
표지·본문 디자인 | 석운디자인
원고 정리 및 교정교열 | 정헌경

펴낸곳 | (주) 도서출판 책과함께
　　　　주소 (04022) 서울시 마포구 동교로 70 소와소빌딩 2층
　　　　전화 (02) 335-1982
　　　　팩스 (02) 335-1316
　　　　전자우편 prpub@daum.net
　　　　블로그 blog.naver.com/prpub
　　　　등록 2003년 4월 3일 제2003-000392호

ISBN 978-11-91432-11-4 03910